남/북/이/하/나/되/는/교/회/두/번/째/이/야/기

통일, 우리는 이렇게 시작했습니다

남/북/이/하/나/되/는/교/회/두/번/째/이/야/기

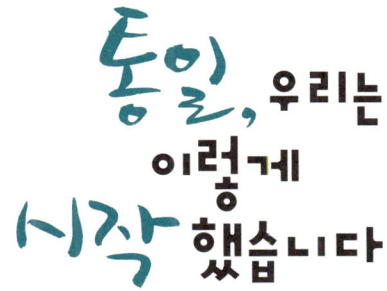
통일, 우리는 이렇게 시작했습니다

남서울은혜교회 통일선교위원회
10주년사편찬위원회 편

포앤북스

포앤북스는 북한과 열방을 사랑하시는 하나님 아버지의 마음을 나누기 원합니다.
포앤북스는 한국교회가 감당해야할 가장 시급한 사명이 바로 우리민족의 평화적인 통일과 북한복음화임을 믿습니다. 포앤북스는 샬롬의 영성을 북돋우는 기독출판사로서 북한선교는 곧 '복음회복운동'임을 선포하며, 하나님께서 통치하시는 New Korea를 세워가는 데 헌신하겠습니다.

통일, 우리는 이렇게 시작했습니다

목차
Contents

추천사   8
발간사   10
인사말   12

제1장 | 통일 선교 사역 10년의 시작과 발전

1.1. 통일 선교 사역 제1기 (2001년-2003년)   18
1.2. 통일 선교 사역 제2기 (2004년-2006년)   28
1.3. 통일 선교 사역 제3기 (2007년-2010년)   38
1.4. 통일 선교 사역 새로운 10년을 시작하면서 (2011년-현재)   57

제2장 | 탈북민과 함께하는 교회 프로그램

2.1. 통일선교위원회 운영   60
2.2. 탈북민 전도   68
2.3. 탈북 성도 지원   74
2.4. 탈북 성도 양육   78
2.5. 통일 교육 사역   88
2.6. 통일 청년 사역   102

제3장 | 통선위 외부 사역 : 탈북 청소년 교육과 탈북민 정착지원

    3.1. 여명학교와 탈북 청소년 교육   112
    3.2. 취업지원센터와 탈북민 정착지원   126

제4장 | 탈북민의 이해와 목회

    4.1. 제1기-통일을 위한 하나님의 소명(임용석 목사)   144
    4.2. 제2기-통일선교위원회 사역을 돌아보며(정반석 목사)   147
    4.3. 제3기-통일이 꿈꾸는 교회(김영식 목사)   153

제5장 | 윗동네, 아랫동네 사람들이 함께 사는 이야기

    5.1. 변화와 감사   160
    5.2. 고백과 기도   217

부록 | 탈북민 정착을 위한 Tip   252
            탈북민을 만날 때 이 점 꼭 기억해주세요!   256

추천사

홍정길 목사
남서울은혜교회 원로

    오늘날까지 한국의 역사는 기적 그 자체였습니다. 이 짧은 50년 역사 속에 이처럼 빠른 경제 성장은 기적입니다.

    사람들은 흔히 '라인강의 기적', '동경만의 기적'이라는 말들을 합니다. 그런데 그것은 기적이 아닙니다. 이 두 나라는 원래 제1, 2차 세계대전을 치를만한 강력한 국력을 가졌던 나라이기에, 패전에 잠시 자세를 낮추었다가 다시 고개를 든 것에 불구합니다. 그리고 홍콩과 대만을 '경제 기적 군'으로 분류하는 경향이 있습니다. 하지만 이 역시 세계에서 큰 시장 장악력과 자금력을 가지고 있는 중국 화교들의 도움으로 여기까지 온 것뿐입니다.

    이에 반하여 우리는 아무것도 없었습니다.

    오천 년 동안 가난했던 이 나라는 일제 36년 동안 식민지의 고통을 겪고 근대국가로 다시 시작했습니다. 1947년 대한민국이라는 국가로 새롭게 건국되었으나 곧바로 남과 북으로 갈리고, 민족상잔의 비극을 경험했습니다. 가뜩이나 경지 면적이 좁아 식량이 부족한 국가가 자원마저 북한에 매장되어 있고, 그나마 남아있던 것은 전쟁으로 모두 불타 없어졌습니다. 다른 나라들이 300-400년이라는 세월 동안 경제를 발전시켜 부유하고 안정적인 국가를 만들 시기에 우리에게는 발전은커녕 아무것도 없었던 것입니다.

이렇듯 아무것도 없던 이 땅이 자원, 자금, 기술, 경험, 시장에 대한 이해, 심지어 산업화에 대한 기초적인 지식도 없이 일어섰습니다. 기적입니다.

이와 같이 기적적인 경제 성장은 교육의 기적, 문화 발전의 기적, 체육 진흥의 기적을 이루어냈고, 제2차 세계대전 이후에 아무도 가보지 못했던 정치 발전까지 성취했습니다. 독재정치에서 시작된 나라는 1992년 문민정부의 시작으로 수평적인 정권 이동을 한 김대중 정권, 세대교체의 노무현 정권 그리고 드디어 세계에서 흔치 않은 여성 대통령의 시대까지 왔습니다.

이렇게 많은 축복이 이 땅에 있으나 그래도 우리의 마음 한 구석에 서운한 것이 한 가지 있습니다. 그것은 통일한국의 아쉬움입니다.

우리에게 주신 이 축복이 왜 우리에게만 한정이 되어야 하나? 우리의 반쪽인 북녘동포들은 아직도 세계에서 가기 가장 힘든 지경 속에 있음에도 불구하고 우리는 가서 도울 수도, 만날 수도 없습니다.

이제 우리에게 남은 마지막 통일한국의 꿈. 아무도 상상하지 못할 이 꿈이 살아계신 하나님에 의해서 이루어지기를 소망합니다. 그 때를 위해서 우리는 준비해야 합니다. 준비하지 않으면 주신 축복이나 기적마저도 축복이 아니라 저주가 될 수 있습니다.

이 일을 위해 한 교회가 지난 10년 세월 동안 준비하고, 일해 온 흔적들을 기록으로 모아 정리했습니다. 많은 교회들이 이 일을 시작할 때에 이 책이 참고가 될 줄로 믿습니다. 또한 통일을 염원하는 모든 사람들에게 한 공동체가 어떻게 통일을 준비했는가를 참고할 수 있는 귀한 문헌이 될 줄로 믿습니다. 수고해주신 통일선교위원회와 10년간의 기록을 편찬해 주신 분들께 감사드리며, 이 일을 위해 헌신해주신 많은 분들께 큰 감사를 드립니다.

발간사
통일, 우리는 이렇게 시작했습니다

박완철 목사
남서울은혜교회 담임

이번에 우리 교회 통일선교위원회(이하 통선위) 사역 10주년을 맞아「통일, 우리는 이렇게 시작했습니다」라는 책을 발간하게 된 것을 하나님께 감사드립니다.

통선위는 북에서 오신 북한이탈주민들을 위해 조직된 사역 부서입니다. 하지만 우리 교회에서는 통선위를 탈북민 부서로만 인식하지 않고 그야말로 "남북이 함께하는 교회, 통일선교공동체"라고 부르고 있습니다. 통선위에는 매 주 100여명의 남북 성도가 함께 어우러져 예배를 드리고 소그룹 목장 모임을 갖고 있습니다. 북에서 오신 분들이 약 60여명, 남한 출신 성도님들 40여명이 함께 모여 예배와 식사, 그리고 소그룹으로 삶을 나누고 있습니다. 이렇게 신앙생활을 하면서 많은 우여곡절이 있었지만 10년이 지난 지금 우리는 이 땅의 통일이 이미 교회 안에서 시작하고 있다는 것을 깨닫습니다. 그리고 비록 부족하고 여전히 진행형이지만 이러한 사역을 한국 교회에 알려야겠다는 생각을 하였습니다.

지난 10년 동안 통선위에서는 작은 통일 연습을 해왔습니다. 처음에는 이것이 통일이라는 생각도 못하였고 그저 북에서 오신 탈북민들을 돌보기에 바빴습니다. 하지만 시간이 지나면서 탈북 성도들을 제자로 양육하고 성숙한 신앙인으로 훈련을 시키다 보니 우리 안에 하나님이 주신 통일 연습의 축복이 주어졌음을 발견하게 되었습니다. 탈북 성도 소그룹 리더를 배출하면서 남과 북 사이에 존재했던 이질감이 점점 해소되기 시작했고, 이것은 통일 이후 북녘 땅에 세워질 교회 모델의 실재를 가늠할 수 있게 해 주었습니다. 그래서 지금까지 해온 교회 안의 작은 통일 연습을 통해 통일 이후 북녘 지역에 교회를 어떻게 회복할 것인가에 대한 기대감을 가질 수 있게 되었습니다.

한국 교회가 통일을 주도한다는 말을 참 많이 하는 것 같습니다. 하지만 막상 통일을 주도하려고 하면 통일은 너무 커다란 과제입니다. 오히려 생각을 바꾸면 진정한 하나님의 통일과 가까워질 수 있습니다. 통일을 주도하려 하지 말고 섬기려고 해야 합니다. 많은 어려움이 있더라도 지금이야 말로 교회의 본질인 '섬김'을 통해 가장 평화로운 복음적 통일의 기초를 놓아야 할 것입니다. 그리고 이러한 섬김은 이 땅에 오신 탈북민들을 섬김으로 시작될 수 있습니다!

이제 한국 교회의 목회자, 성도 여러분들과 함께 이 일을 시작하고 싶습니다. 부디 이 책이 탈북민을 '섬김'으로 시작되는 아름다운 통일을 연습할 수 있도록 작은 도움이 되기를 바랍니다.

인사말
교회안에서의 통일연습

김영식 목사
남서울은혜교회 통일선교위원회 담당

　　남서울은혜교회 통일 선교 사역 10주년의 모든 영광을 하나님께 올려 드립니다.

　　남서울은혜교회는 남들이 어려워하는 사역만 골라하는 교회 중의 하나입니다. 장애우들을 위해 밀알학교를 지어 운영하고 있고, 북한 동포들의 지원과 탈북민들의 선교에 앞장서 왔습니다. 이러한 사역들의 공통점은 소외된 이웃들을 위한 하나님의 일이었습니다.

　　남서울은혜교회는 매 주일 오후 12시가 약간 넘으면 성산홀이라는 장소에서 남북한의 사람들이 모여 모임을 갖습니다. 약 100여명이 매주 만남을 갖고 있습니다. 이 모임은 대한민국에서 얼마 안 되는 통일의 자리입니다. 그래서 우리 모임을 탈북민만의 모임이라고 하지 않고 '통일선교공동체'라고 합니다. 탈북 성도와 함께 하는 남한 성도, 남한 성도와 하나님의 말씀으로 교제하는 탈북 성도님들! 매 주일 만남을 통해 토론하지 않아도, 논문을 발표하지 않아도, 우리는 남북을 동시에 경험하고 있습니다. 이전에 할 수 없었던 통일 준비를 탈북 성도님들 덕분에 시작하였습니다. 그리고 사랑으로 탈북 성도님들과 교제를 하고 있는 남한 성도님들 덕분에 통일 준비가 비교적 원활하게 준비되고 있습니다.

우리의 통일은 투박합니다. 포럼이나 세미나 장소에서 발표하는 정리된 내용과는 거리가 먼 것 같습니다. 우리의 통일은 눈물이 많습니다. 때로는 서로의 사귐이 너무 어려워서 이리저리 답을 찾아 다녔습니다. 사고도 있었고, 떠난 사람도 있었고, 어찌 할 바를 몰라 닥치는 대로 일을 하였습니다. 그러면서 10살이 되었습니다.

통일은 그런 것 같습니다. 포럼이나 세미나에서 연구되고 토론되는 세련된 통일 준비도 무척 중요합니다. 그러나 투박하지만 삶에서 사람 냄새나는 통일을 경험하는 것이 이 시대가 준비해야 할 가장 중요한 통일이 아니겠습니까?

대한민국에 2만 5천 여명의 탈북민들과 함께하는 통일은 이미 시작되었습니다. 이것이 교회가 가장 잘할 수 있는, 투박하지만 하나님의 섭리가 있는 통일이라고 믿습니다. 우리는 10살이 지나도 여전히 멋이 없는 이 통일을 계속 준비할 것입니다. 왜냐하면 남북한 사람들이 60여 년 만에 어울리는 통일의 현장에서 맛보는 하나님의 기쁨이 너무 크기 때문입니다.

이제 여러분도 주변에 계신 탈북 주민들을 위해 기도하면서 통일 준비를 함께 시작해 보지 않으시겠습니까?

인사말
감사와 눈물의 사역

김재훈 장로
통일선교위원회 2009~2012년 부위원장, 위원장 역임

남서울은혜교회에 통일선교위원회가 만들어진지 10년이 넘었습니다. 지난 세월을 생각해 보면 늘 감사와 눈물이 있습니다. 이 땅의 어느 누구도 탈북 동포에 대하여 관심을 기울이지 않고 있을 때, 주님은 일찍이 우리에게 주님의 사랑과 눈물을 가르쳐 주시고 그들을 가슴으로 품도록 하셨습니다. 탈북 청소년들의 교육을 고민하며 여명학교를 세우게 하셨고, 탈북 동포들이 어떻게 하면 이 땅에 잘 정착할 수 있을까를 고민하며 취업지원센터, 함께하는재단을 만들게 하셨으며, 그들의 신앙이 자라도록 여러 섬기는 지체들을 붙여 주셨습니다. 그 과정 과정들에 얽힌 사연을 모두 글로 적어 낼 수는 없겠지요.

지금까지 우리가 섬겨온 이 과정은 완성된 것이 아니고 이루어져 가고 있는 미완성의 과정입니다. 이 과정에는 많은 분들의 눈물겨운 헌신이 있었고, 사랑이 있었습니다. 이 과정에는 인간의 눈으로 볼 때에는 시행착오처럼 보이는 일들도 있었고, 왜 이러나 생각될 정도로 어리석

어 보이거나 비효율적인 것처럼 보이는 일들도 있었습니다. 그러나 지금 돌이켜 보면 그 모든 것들이 예수님의 사랑을 배운 사람들이 그의 제자로서 섬겨온 삶의 여정임을 깨닫게 됩니다. 그들은 천사의 말 대신 사랑을 실천하였고, 사랑은 자랑하지 아니하며 모든 것을 참으며 모든 것을 믿으며 모든 것을 바라며 소망 가운데 살아가는 것임을 배우고 실천한 사람들이었습니다. 통일선교위원회 10여년의 기간 동안 기도로, 상담으로, 물질로, 시간으로, 심방으로, 찬양으로, 말씀 양육으로 섬겨주신 여러 사랑의 지체들에게 주님의 이름으로 감사 말씀을 드립니다.

아직도 남북이 나뉘어 있고 또 탈북자를 바라보는 또 다른 시각이 엄연히 존재하는 현실 앞에서 진정으로 남북이 하나 되는 날이 언제일까를 생각해 봅니다. 주님 안에서 우리가 화목하고 하나된 것처럼, 우리나라도 주님 사랑 안에 하나 되는 날이 속히 올 수 있기를, 복음으로 하나 된 남북이 주님의 사명 붙잡고 세계선교의 전진기지가 되는 날이 속히 올 수 있기를 간절히 기도합니다.

제1장

통일 선교 사역 10년의 시작과 발전

통일, 우리는 이렇게 시작했습니다

1.1. 통일 선교 사역 제1기 (2001년-2003년)

1.2. 통일 선교 사역 제2기 (2004년-2006년)

1.3. 통일 선교 사역 제3기 (2007년-2010년)

1.4. 통일 선교 사역 새로운 10년을 시작하면서 (2011년-현재)

* 본 장은 2011년 통일선교위원회 10주년 세미나에서 발표된 글을 편집한 내용입니다

1.1. 통일 선교 사역 제1기
(2001년-2003년)

민경식 장로

필자는 2003년부터 남서울은혜교회 통일선교위원회(이하 통선위) 지원부장으로 8년, 성경공부 인도를 4년, 그리고 통선위 고문 및 함께하는재단 탈북민취업지원센터 센터장으로 남서울은혜교회 통선위 사역에 참여해 왔다. 2010년 이 땅에 온 북한이탈주민(이하 탈북민)들의 수가 2만 명을 넘었으며 그들은 65년의 분단기간 동안 전혀 다른 체제, 역사상 유래 없는 하나님을 대적하는 악한 체제하에서 살아온 사람들이다. 비록 하나의 민족이고 같은 언어를 사용하고 있지만, 여러 면에서 우리와 참으로 많이 다른 우리의 동족들로 우리와 함께 하나님이 기뻐하시는 진정한 복음 안에서 평화 통일 국가를 이 땅에 이루어가기 위해 우리를 준비시키려고 미리 보내주신 분들이라고 이해하고 믿고 있다.

무엇보다 우리는 지난 10년간의 짧지 않은 사역 기간을 통해 도저히 하나가 될 수 없는 유대인과 이방인들을 하나 되게 하신 예수 그리스도 우리 주님, 즉 복음만으로 정말 많은 면이 다른 남과 북의 통합을 이루어 낼 수 있다는 것을 절감하고 있다.

이 글에서는 남서울은혜교회 통일선교위원회 2001년 출범부터 2003년까지의 제1기 사역경과를 소개하고자 한다.

1. 연혁

(1) 통일선교부의 출범 및 초기 사역

남서울은혜교회 통일선교위원회(이하 통선위)는 2001년 1월 북한선교위원회로 발족하였으며, 초기에는 해외선교위원장이 통선위 위원장을 겸임하는 형태였으며 주로 부위원장과 위원 10여명이 사역을 전담하였다. 2002년도에는 그 명칭을 통일선교부가 더 적절하다고 판단되어 부서의 이름이 바뀌었다. 연이어 2003년에는 사역의 성격이 해외선교위원회와 다르다는 점에서 별도의 위원회로 독립되어 통일선교위원회가 되었으며 초대위원장은 초기부터 부위원장으로 수고한 정일남 장로가 담당하게 되었다.

탈북민들의 출석은 2001년 초에 3명에서 같은 해 7월 7가구 15명, 2002년도에는 17가구 33명으로 늘어났다.[1]

초기 사역 내용은 매주 2부 대예배가 끝난 후 밀알학교 306호실에서 정기모임을 가졌는데 탈북민들의 탈북 경위, 입국 후의 소감, 남한 사회에서의 적응 문제, 구직 문제 등에 관하여 함께 이야기를 나누었다. 정기적으로 참석하는 네 가정에는 매월 50만원씩 생활보조비를 지급하였으며, 대성공사 평화교회에 참석하여 함께 예배드리는 시간을 가지기도 하였다.

---

[1] 2002년 말 대한민국에 입국한 총 탈북민 수는 2,886명 수준이었다.

초기 1년간은 탈북민들을 접한 경험이 전혀 없었기 때문에 탈북민들을 알아가는 데에 촛점을 맞추었다. 우선 출석하는 탈북민의 수가 얼마 되지 않아 자연스레 소그룹의 특성을 가지게 되었고, 탈북 과정과 북한에서의 생활 등 개인 체험을 나누는 한편, 잠언을 한 장씩 읽어가며 말씀에 비추어 서로의 사고 방식과 생활 태도를 이해하려는 노력을 기울였다.

당시에는 소그룹 모임에 관하여 마땅히 참고할 선례도 찾을 수 없어 체계적인 프로그램을 세울 수 없었다. 그리하여 우리보다 먼저 활동을 시작한 교회 담당자들을 만나거나 세미나 등에 참석하면서 어떤 방향과 프로그램을 가지는 것이 좋은지 모색하였다. 이러한 활동을 통하여 도달한 잠정적인 결론은 탈북민들을 제대로 섬기려면 전담 사역자가 필요하고, 성경 공부 등의 신앙 교육 이외에도 취업, 돈 관리, 가정 등에 대한 체계적인 상담과 지원이 필요하다는 것이었다. 따라서 이러한 활동을 하려면 다양한 배경과 직업을 가진 사람들의 연합사역이 필요하다는 생각을 하게 되었고 이를 위하여 기도하기 시작하였다.

2001년~2002년도 통일선교위원회의 활동 기록을 살펴보면 당시 통일선교위원회의 발자취를 느낄 수 있다. 탈북민과 같이 교제하면서 느꼈던 특기할 만한 사항으로는 '모임에서 탈북 과정이나 북한 생활에 대해 듣는 것이 탈북민의 어려움을 실감하는 시간이지만 다른 분들에게까지 어렵고 힘든 시기를 회상하게 하는 것이 도움이 되지 않는다고 판단되어 그만두기로 했다는 것'과 '직장에 현실적인 기대를 갖고 성실하게 일해서 버는 돈의 가치를 소중하게 생각할 수 있도록 도와주어야 한다는 것', '교회에서 제공하는 생활보조금을 중지하겠다는 발표가 있은 후 몇 분들이 교회를 옮겼으나 원칙을 바꾸지 않고 신앙생활을 잘 해나갈 수 있도록 도와야 한다는 점', '탈북민에게 취업 기회를 주었던 분들에게 적절한 정보를 제공하는 일에 소홀했다는 것' 등에 대한 반성이 언급되어 있다.

(2) 전담 사역자의 부임

2002년 2월 심방과 목회상담 및 통일사역을 위한 전담 사역자로 임용석 목사를 초빙함으로써 탈북민들에 더한 사역이 본격화 되었다. 임용석 목사는 이미 그 이전부터 오랫동안 남북나눔운동 실무대표를 겸하면서 각계의 통일문제 전문가들과 교류를 맺어왔고 통일문제에 남다른 비전을 품고 기도하여 온 터라, 탈북민들을 헌신적으로 섬기는 일부터 전문 네트워크를 연계하는 일 등에서 모범적인 모델을 제시하기 시작하였다.

(3) 조직의 강화와 담당 부서의 명칭 변경

드디어 통일선교사역의 3년차인 2003년 2월에 교회 내에서 그 중요성이 부각되면서 기존의 해외선교위원회 산하 통일선교부는 3개 부서를 거느리는 통일선교위원회로 독립 개편되었다. 위원장은 시무장로가 맡고, 각 부서의 장은 안수집사 또는 그에 준하는 중견 성도가 맡는 것을 원칙으로 하여 그 구체적인 담당자를 당회에서 임명하였다. 또한 각 부서의 담당업무는 서로 협의를 거쳐 확정지었다. 아울러 소속 위원들을 각 부서에 적절히 배치하되, 가급적 모든 업무를 전위원회가 협력하여 공동으로 수행하기로 합의하였다.

2. 사역 내용

(1) 기본 사역
① 주일 정기 모임

통선위 모임은 매 주일 3부 대예배를 마친 다음 밀알학교 306호 또는 310호에 모여 간단한 말씀 증거와 함께 기도회를 가지고 친교를 나누었다. 원래는 둥글게 앉아 사랑방과 같은 분위기 속에서 지난 일주일간에 일어난 특이한 일이나 화젯거리를 자유롭게 이야기하며 서로 의견을 교환하는 자리였다. 그러나 점차 참석자 수가 늘어나게 되고 의자를 전면으로 향하도록 배치하다보니 더 이상 사랑방 분위기는 나지 않게 되었다. 주일 정기 모임은 먼저 찬송을 부르고 작은 예배를 드리는 형태로 바뀌었다. 신앙 양육의 차원에서 탈북민들에게도 예배 시에 사회와 기도를 맡기게 되었는데 처음에는 어색한 모습과 말로 폭소를 자아내는 장면도 있었지만 점차 남한 성도들 못지않게 유창하면서도 진솔한 대표기도를 하는 것을 볼 수 있게 되었다.

② 성경공부

2002년경 탈북민들의 참여 숫자가 30명에 이르게 되자, 연령대별로 분류하여 장년층, 중년층, 중간층 및 청년층으로 분반 성경공부를 시작하게 되었다. 그 당시 일대일 성경공부를 원칙으로 삼았지만 성경공부를 지도하는 통선위 남한 성도(이하 위원)수가 부족한 탓에 위원 한 사람이 탈북민 두세 명을 섬기는 것으로 조 편성을 할 수밖에 없었고, 어떤 위원의 경우에는 섬겨야할 탈북민이 대학생 및 중고등학생을 포함하여 여덟 명이나 되었다.

분반별 성경공부는 2002년 2월에 제1회 수련회를 거치면서 사랑조, 소망조 및 믿음조의 3개조로 다시 편성하였다. 이러한 분반의 틀은 2003년에 들어서면서 더욱 본격화되어 매 주일 낮 시간을 이용하여 기존 탈북민들에 대해서는 믿음, 소망, 사랑 및 화평의 4개의 조로 나누어 규칙적인 공과공부를 시작하는 한편, 새로이 출석하게 된 탈북민들에 대하여는 새신자 양육반을 별도로 편성하여 15~16주 동안 집중적인 신앙양육을 실시하게 되었다. 이 밖에 성경공부와는 별도로 일대일 교제를 위한 조를 편성하여 계속적인 밀착 양육을 시도하였다. 당초에는 의도한 만큼의 성과를 거두지 못하는 것 같았지만 일정한 시간이 지난 뒤 일대일 교제를 통해 마음으로부터 세례받기를 소망하며 본격적인 신앙고백을 하고 교회 안에서 헌신적 삶을 살기를 결심하는 탈북민들이 점차 배출되게 되었다.

임용석 목사는 "구원의 확신과 동시에 믿음이 완전히 안착되어 신앙고백만이 아니라 다른 사람에게 전도할 수 있는 데에까지 이를 수 있도록 양육되려면 아마도 최소한 3년 정도는 걸릴 것 같다"고 하였는데 이는 탈북민에 대한 성경공부와 신앙양육에 관하여 시사하는 바가 크다.

③ **심방과 상담**

심방과 상담은 위원들이 탈북민들과 삶을 나누는 데 있어서 효과적인 방법이었다. 주로 전담 목사가 주중에 이를 담당하면서 권사나 집사들 중 심방이 가능한 위원들과 함께 다녔다. 통일선교위원회가 그 동안 많은 성장을 하

였다면 그 밑거름은 바로 전담 목사의 헌신적인 심방과 상담에서 찾을 수 있었다.

④ 수련회와 정기 기도회

1년에 2회 1박 2일의 일정으로 수련회를 실시하여 경건 훈련 및 그룹 토의 등을 진행하였다. 봄 수련회는 거리가 멀리 떨어진 수련원이나 기도원 또는 바닷가 경치 좋은 곳을 찾았고, 가을 수련회는 주로 청

계산 자락에 있는 교회 교육관 등을 이용하였다. 수련회가 거듭될수록 하나님의 가족으로서 공동체 의식도 강허질 뿐만 아니라 주님과의 영적 만남도 깊어졌다. 이와 더불어 월 1회 토요일 저녁시간에 모여 기도회를 가졌는데, 점차 탈북민들의 거듭남에 대한 체험과 기도응답에 관한 간증들이 늘게 되었다.

⑤ 통선위 새신자 양육반 운영

남서울은혜교회에서는 일반 신입교인을 대상으로 '새신자 양육반'을 편성하여 기독교 신앙의 기본적인 내용과 본 교회의 특성 등에 관한 교육을 의무적으로 실시하여 왔다. 그러나 교회에서는 남한 성도들을 상대로 한 종래의 교육과정을 탈북민들에게 그대로 적용하는 것이 적절하지 못하다는 판단 하에 2003년부터 탈북민 새신자에 관한 교육을 통일선교위원회에 위임하여 통선위가 자체적으로 신입 탈북민을 상대로 한 특별교육 프로그램을 개발·실시하였다.

이 프로그램을 처음에는 탈북민 1인에 대하여 연령이나 성별 등을 참작하여 가장 적절하다고 보이는 양육부원 1인으로 하여금 15주간 신앙교육을 실시하고, 새신자 양육을 시작한 지 7~8주가 경과한 시점에 일반 새신자반에 출석하여 우리 교회 전반에 관한 소개를 하였다. 또한 그 신상을 파악하여 해당 탈북민에 대한 개인별 기록카드를 작성하였다. 교육 내용은 기존 전도폭발훈련의 핵심 내용을 전함과 아울러 기독교 가정관을 확립시키고, 노동에 대하여 새로운 가치관을 확립하며, 자유에 따른 책임감을 심어주는 것으로 통선위 새신자 양육반을 수료한 후에는 일반 성경공부반에 편입시키는 것을 주요 골격으로 삼았다.

그러나 우선 탈북민들을 위한 적절한 교재가 없는데다, 중간에 교회로 안내하는 통로가 제한되어 있고, 또한 다른 교회에서 실시하고 있는 정기적인 재정적 지원을 실시하지 않는 등의 이유로 인해 새신자 양육을 시작한 지 3~4주 만에 탈북민이 출석하지 않는 사례가 속출하여 적지 않은 좌절감을 맛보기도 하였다.

이러한 경험에 기초하여 그 후에는 미처 신앙의 뿌리를 내리지 못한 탈북민들에게 높은 수준의 헌신을 요구하는 것은 무리라는 판단에서 우선 새신자 교육을 실시하는 기간 동안에는 비록 소액이지만 매월 일정한 액수의 금전적 지원을 실시하기 시작하였고, 탈북민 새신자를 위한 교재를 「하나님의 가족」이란 이름으로 통일선교위원회가 자체적으로 개발하였다.

이와 더불어 지속적으로 새로운 탈북민들을 맞이할 수 있도록 통선위 위원들은 정부에서 운영하는 하나원을 정기적으로 방문하기 시작하였다. 하나원 내에는 오래 전부터 강철민 목사가 시무하는 하나교회가 있어왔는데 방문할 때마다 강 목사의 협조로 원생들과 함께 간단한 예배를 드리고, 미용봉사나 음악연주 및 기타 여러 봉사활동을 펼침과 아울러 교회 및 통일선교위원회의 역할을 홍보하였다.

⑥ 특강 및 문화행사

탈북민들을 대상으로 남한 사회 적응에 필요한 사항을 중심으로 매월 1회, 취업 및 직장 윤리, 부부 관계, 돈 관리, 생활 법률 등의 주제로 특강을 진행하였다. 특강을 진행하는 데는 태화복지관 같은 기독교 복지단체의 도움이 컸다. 이 외에도 남한 사회를 이해하는 데에 도움이 되는 영화나 뮤지컬, 성막 재현 등의 특별 행사가 있으면 탈북민들이 가급적 빠짐없이 관람하게 하려고 노력하였다.

⑦여명학교의 태동

출석 탈북민들이 늘어날수록 실제 그들의 삶속에서 가장 현실적으로 해결해야 할 것이 기존학교에 적응하지 못하고 방황하고 있는 자녀들의 교육 및 진로문제, 그리고 진정한 남과 북의 삶의 통합을 위해 그들의 재능과 경력에 맞추어 새로운 인생을 설계하고 일할 수 있는 취업 문제임을 절감하게 되었다.

이즈음 통선위에 새로 출석하기 시작한 조명숙 선생은 탈북 학생들을 위한 대안학교 설립을 제안하였고, 통선위에서는 대안학교 설립의 타당성을 검토하기 위하여 교육 경험이 있는 오명도 위원을 중심으로 특별팀을 구성하여 여명학교 사역을 위한 준비를 시작하였다. 특히 특별팀의 일원이었던 조명숙 선생은 탈북민들과 사선을 함께 넘으면서 남다른 소명감을 가지게 되었고, 개인적으로 대학입학이 가능한 청소년들이나 대학생들을 대상으로 야간에 자유터학교를 시작하여 모두가 실패할 수밖에 없다는 탈북 청소년들을 위한 대안 적응교육의 새로운 실험을 시작하였다.

1.2. 통선위 제2기
(2004년~2006년)

우기섭 장로

    필자는 남서울은혜교회 교인으로서 교회에서 맡겨주신 일에 순종하며 충성해 오던 중 2002년 1월 통일선교위원회를 섬기는 2대 위원장의 직분을 당회에서 맡겨 주었다. 당시 약 30~40명의 탈북민들이 남서울은혜교회에 출석하였고 임용석 목사가 통선위 담당목사로 열심히 탈북민을 섬기게 되었다. 당시 통선위 조직은 양육부 곽종훈 집사, 지원부 민경식 집사, 교육부 박상국 집사, 회계 김수환 집사로 구성되었으며 우종욱 집사, 유택수 집사, 유 욱 집사, 오명도 집사, 남궁진 집사, 백대우 집사, 심혜영 집사, 조영아 집사, 양수경 자매 등 많은 위원들이 헌신적으로 함께 해 주었다.

    2004년 1월부터는 고학봉 장로가 3대 위원장의 직분을 맡아 통일선교위원회를 섬기게 되었다. 통일선교위원회 초창기부터 어려운 사역을 개척하며 감당했던 임용석 목사가 계속 통일선교위원회 담당 목사로 섬겼으며 양육부 곽종훈 집사, 지원부 민경식 집사, 교육부 오명도 집사, 총무 전호일 집사, 회계 김수환 집사, 그리고 유 욱 집사, 유택수 집사, 남궁진 집사, 백대우 집사, 심혜영 집사, 조영아 집사, 한지만 집사, 양수경 자매 등 여러 위원들이 지속적으로 통선위와 함께 하였다.

1. 통일 선교 사역의 의미와 원칙 정립

(1) 탈북민을 통한 북한 사회의 이해

교회에 출석하는 탈북민들은 그 수가 얼마 되지 않지만 향후 통일과 관련하여 중요한 의미를 갖는 분들이다. 남북한의 분단과 북한의 폐쇄성으로 인하여 전혀 다른 사회 속에서 50년 이상 살아온 남북한 사람들이 통일 이후 함께 살아가게 될 때에 많은 문제가 발생할 것은 분명한데, 이는 통독 이후 독일 사회의 사례를 보더라도 그럴 것으로 보인다.

이러한 문제들에 대비하려면 어떠한 문제가 발생할 것인지 미리 아는 것이 중요할 수밖에 없고, 이와 관련하여 탈북민들은 일종의 리트머스 시험지와 같은 존재라고 할 수 있다. 즉, 이들은 북한 사람들을 대표하는 존재라고 볼 수 있으므로 이들이 남한 사회에 들어와서 겪게 되는 문제는 바로 통일 이후 대다수 북한 사람들이 겪게 될 문제점 등과 유사할 가능성이 높다. 따라서 이들이 현재의 문제를 잘 극복하고 남한 사람들과 잘 살아가도록 방법을 찾아내는 것은 통일 이후에 대한 준비 차원에서도 중요한 의미를 갖는다. 이 점과 관련하여 탈북민들은 남한 사람들에게 북한과 북한 사회를 이해하는 데에 필요한 열쇠와 같은 역할을 할 수 있다. 이들의 사고방식을 알고 생활 태도를 아는 것은 북한 사회와 북한 사람들을 이해하는 지름길이 될 것이다.

(2) 통일 후 지도자의 양성

탈북민들은 남북한 사람들 중 유일하게 북한 체제와 남한 체제를 공히 경험한 사람들이므로 이들이 남한 사회에 성공적으로 적응할 수만 있다면 향후 통일에 지대한 공헌을 할 수 있는 사람들이라 할 수 있다. 북한 사람과 남한 사람들 간에 불필요하게 발생할 수 있는 오해와 편견들을 없애고 보다 깊은 이해가 가능하도록 돕는 매개체가 될 수 있으며 특히 젊은 세대는 통일의 주역으로 성장할 잠재력이 있다고 할 수 있다.

남서울은혜교회에 출석하는 상당수의 탈북민들은 통일 후를 염두에 두고 자신의 선교사역을 위하여 기도하고 있고, 이들을 통한 하나님의 특별한 계획과 인도에 기대되는 바가 크다. 이 기간 동안 탈북민 10명이 정식으로 세례를 받았고, 4명이 서리집사로 임명받았다.

(3) 지원금 원칙

탈북민들이 교회 지원금을 따라 이동하는 것에 대한 우려에 따라 지원금은 원칙적으로 지급하지 않는 것으로 하였다. 지원금 지급규정을 별도로 마련하여 초·중·고·대학생의 경우에는 교회 장학위원회 지원규정에 준하여 지급하고 그 밖에는 경조사와 기타 예외적인 사정이 있는 경우에 한하여 지급하도록 하였다.

지원금에 관한 사항에 대하여는 근본적인 결정을 내린 셈인데, 교회 선교위원회는 단순한 재정 지원이 자칫하면 남한 사회 적응에 장애 요인으로 작용할 수 있으므로 그 보다는 '고기 낚는 법'을 터득하도록 도와주는 것이 중요하다는 데에 의견을 모은 것이다.

다만 개인별로 응급한 상태에 생긴 경우에는 금전

의 다소를 묻지 않고 후원금을 모아 지원하였고, 추석과 구정에는 통선위 친교활동과 함께 선물을 증정하였으며. 결혼식이 필요한 탈북민 동거자들에게는 온 교회가 힘을 모아 목사님의 주례 하에 모두가 축하하는 결혼식을 올리기도 하였다.

2. 통일선교위원회 부서 사역 강화

통선위 제2기부터 탈북민들을 보다 효율적으로 섬기기 위한 각 부서의 활동이 더욱 활발해 지기 시작하였다. 〈표 1〉은 통선위 각 부서가 탈북민 섬김을 위한 사역목표로 삼았던 내용이다.

〈표 1〉 통일선교위원회 부서별 사역 내용

구분	사역내용

교육활동부	1) 탈북민 교육 : 특강
	   가) 청장년 교육
	      - 사회적응 교육
	      - 직업 및 창업 교육
	   나) 청소년 교육
	      - 학습부진
	      - 대안교육: 도시형 대안학교 운영
	2) 전체 교인교육
	   가) 통일교육, 이념교육, 통일 후 대비 교육
	   나) 세미나 개최
	3) 자료조사 분석 연구
	   가) 자료조사, 연구 및 출간사업
	   나) 홈페이지 관리
	   다) 「만남과 나눔」 소식지 간행

지원부	1) 탈북민 지원
	   가) 경제적 지원
	   나) 상담지원
	   다) 창업지원 상담팀 운영
	   라) 직업알선
	2) 탈북 난민 지원
	   가) 지역 선정
	   나) 제3국내 쉼터 지원
	3) 국내외 단체 지원 및 연계

양육부	1) 탈북민 신앙양육
	   가) 새신자 성경공부
	   나) 청장년 신앙양육 프로그램
	   다) 청소년 신앙양육 프로그램
	2) 성경공부 교재 개발
	3) 타 교회 각 교육부서와의 연계사업 구축
	4) 수련회 개최

3. 제2기 통일선교위원회 주요 사역

(1) 성경공부 및 새가족 교육의 체계화

이 시기에는 체계적인 탈북민 성경공부를 위해 다양한 방법이 시도되었다. 일대일 성경공부 방법이 개인적 교제에는 도움이 되나 여럿이 서로 다른 생각을 나누고 소통이 필요한 탈북 성도의 상황에는 맞지 않은 점이 있어 방향을 중·대그룹(10명 정도) 성경공부로 잡았으며, 연령별로 분류하여 장년층·중년층·중간층 및 청년층으로 나누어 성경공부를 시작하였다. 그리고 성경공부와 별도로 일대일 교제조(멘토링)를 드러나지 않게 만들어 개인적으로 돕도록 하였다. 또한 청년들은 독자적인 활동을 하도록 지원하고자 장년에서 분리하여 성경공부를 진행하게 되었다.

특히 2006년에는 전도의 열풍이 불어 많은 영혼들이 전도되었다. 통선위 전도 차량봉사자로 탈북 성도인 이○○, 염○○씨와 주은숙 집사의 자원이 있었고 이들이 주축이 된 차량봉사팀이 많은 새가족을 모시고 오면서 한때 전체인원이 120명으로 2/3정도가 탈북민 성도였을 때가 있었다.

이 때 통일선교위원회가 교회 새가족위원회로부터 새가족교육을 위임 받아서 6주간의 교육을 자체적으로 시작하게 되었다. 양육부에서는 임용석 목사와 통선위 위원들이 탈북민을 위한 전용 새신자 성경공부 교재로 「하나님의 가족」이라는 교재를 자체 개발하여 집중적인 신앙교육을 실시하였다.

(2) 통일선교 강좌 정례화

2004년과 2005년에 통일선교위원회에서는 교육부 주관으로 남서울은혜교회 전체 성도들을 대상으로 12주, 8주의 교육 기간으로 두 번의 통일선교 강좌를 열었으며 교회의 호응은 예상을 뛰어넘는 것이었다. 이러한 통일선교 강좌를 통해 새롭게 통일선교의 비전에 공감하는 새로운 성도들이 통일선교위원회에 위원으로 참여하며 지속적인 활동이 가능하게 되었다.

(3) 탈북 청소년 대안학교인 여명학교의 설립 추진과 개교

2003년부터 통선위 교육부 위원인 오명도 교수, 유 욱 변호사, 조명숙 현 여명학교 교감이 중심이 되어 탈북 청소년 대안학교 설립 TF팀이 운영되었고, 검토 보고서가 정식으로 당회에 보고됨에 따라 교회 차원에서 오명도 집사를 위원장으로 여명학교 설립추진위원회가 구성되었다.

이에 따라 남서울은혜교회를 중심으로 송파제일교회, 남포교회, 사랑의교회, 온누리교회, 남서울교회, 일산은혜교회 등(소위 이사교회) 교파가 다른 개신교 20여 교회가 협력하여 마침내 2004년 9월 14일 관악구 봉천동 낙성대 전철역 부근에 교실 3개를 갖춘 100여 평 규모의 여명학교를 개교하게 되었다. 당시 개교 과정에서의 어려웠던 에피소드로는 학교 건물을 임대하는 과정에서 탈북 청소년을 위한 대안학교임을 알고는 계약이 취소되는 경우도 있었다.

이사교회의 지원금으로 마련된 여명학교 설립기금 3억원은 임대보증금 9천만원과 책상, 걸상을 비롯한 시설비용으로 충당되었고 남은 운영비는 교사 자격증을 가진 전임교사 8명의 2개월 최소 인건비도 채 안되었다. 하지만 하나님께서는 여명학교와 함께 하시며 많은 돕는 손

길을 필요한 때마다 보내주시어서 하나님의 공급하심과 채워주심을 경험하며 하루하루를 이어갈 수 있었다.

여명학교의 교훈은 "하나님을 경외하고, 사람을 사랑하며, 민족을 하나로"이며, 교육철학은 "회복, 이해, 사랑"으로 탈북 청소년들이 대한민국 사회에 온전한 국민으로 행복한 삶을 사는데 필요한 인성 교육과 지식 교육을 하고 있다. 여명학교는

학생, 교사, 학교의 각 부분마다의 역할이 나뉘어 발전되고 있으며 다음과 같은 교육효과를 거두고 있다고 생각한다.

    학생: 북한이탈 청소년 맞춤형 교육으로 회복 및 자아성장

    교사: 통일교육 전문가로 성장

    학교: 통일교육 대안 창출, 제도 개선 견인

(4) 통일선교위원회 백서(남북이 하나 되는 교회이야기) 출간

통선위에서는 2002년 출범 후 2005년까지의 사역을 정리하여 백서로 출간하기로 예정하였으나 책으로 발간하기 까지는 원고 수합, 편집 등 여러 가지 사정으로 2007년 초에야 첫 출간을 완료하기에 이르게 되었다. 구체적 발간 작업은 오랜 기간 통선위 편집위원회를 담당하며 수고하였던 심혜영 집사, 조영아 집사, 양수경 자매, 오명도 집

사의 노력으로 이루어졌다. 통선위 시작부터 남과 북이 함께 하며 겪었던 통일 선교사역의 구체적 과정과 내용이 한 권의 책으로 정리된 남서울은혜교회 통일선교위원회의 이야기는 새롭게 탈북민 지원사역을 시작하는 교회나 기관과 개인들에게 유용한 자료로 사용되고 있다.

4. 통일 선교 사역의 확대

(1) 중국 등 제3국에 있는 탈북민의 보호

탈북민 사역을 시작한 초기부터 곧바로 중국 땅이나 몽골, 태국 기타 제3국에서 어려운 상황에 처하여 있는 탈북민들의 문제가 통선위와 연결되기 시작하였다. 이들을 돕는 길을 마련하기 위하여 장로님 한 분을 중국으로 파송하기도 하고, 탈북민 선교를 위하여 북한선교사이신 박○○ 목사와의 면담을 가지기도 하였다.

그러나 이러한 문제를 본격적으로 다루기 시작한 것은 2004년부터이며, 특히 이 일을 위하여 몇 분이 집중적으로 수고하였으며 탈북민들로 하여금 제3국에서 난민의 지위를 얻을 수 있도록 다른 나라의 NGO들과 협력하게 되었다.

(2) 통일 사역의 연계

그 동안 예수원, 하누리비전, 한정협 등의 외부 단체와 협력하여 탈북민들을 위한 수련회를 개최하여 왔고, 앞으로 뜻을 같이 하는 교회들과 연계하여 통일 사역을 펼칠 수 있기를 위하여 기도하게 되었다. 특히 새롭게 탈북민 지원 사역을 시작한 사랑의교회에서는 통일선교위원회와 긴밀하게 교류하며 탈북민 지원사역의 자체 모델을 정립하는 계기를 마련하게 되었다.

(3) 탈북민의 일반목장 편입

젊은 세대에 대하여는 각 연령에 맞는 초등부·중고등부 및 청년부에 출석하도록 하였으나, 성인들에 대하여는 기존의 일반 목장(구역)모임에 편입시키는 데에 여러 가지로 조심스러운 점이 많아 통선위 중심으로 별도의 목장을 운영하기로 하였다.

(4) 직업알선의 체계화

그 동안 손종욱 형제의 도움으로 탈북민들을 상대로 재취업 전문회사(DBM) 프로그램을 실시하여 각자의 재능에 맞는 직업을 찾아주기 위하여 노력한 결과, 5인의 탈북민들이 취업하는 성과를 거두었다.

1.3. 통선위 제3기
(2007년~2010년)

장형옥 장로

필자는 2007년 통선위 5대 위원장인 곽종훈 장로와 함께 통선위 부위원장으로 임명받아 섬기기 시작하였으며, 2008년 말 주님의 인도하심으로 장로 임직을 받고, 2009년부터는 제6대 통선위 위원장으로 임명받아 부위원장으로 같이 임명된 김재훈 집사와 함께 2010년까지 섬겼다. 현재는 2011년 5월 정식 출범한 사회복지재단인 '함께하는재단' 이사장으로 봉사하고 있다. '함께하는재단'에는 탈북민취업지원센터가 소속되어 있다.

우리 교회의 통일 선교 사역은 한국 교회의 북한 선교의 모본이 되고 있으며 많은 교회와 단체들이 탈북민을 돕고 섬기는 이 사역에 동참하면서 우리 교회의 통일 선교 운영 및 방법들에 대한 문의와 방문견학을 요청하고 있어 자부심을 느낌과 동시에 그동안 고생하고 애쓰신 선배 동역자들에게 감사와 경의를 표하는 한편 무거운 사명감도 느낀다.

2011년부터 우리나라는 탈북민 2만명 시대를 맞고 있다. 하나님의 주권적 섭리로만 남북의 복음적 평화통일이 가능하다는 신앙에 기초하여 하나님께서 통일을 준비하고 연습하라고 이렇게 많은 탈북민을 우리 곁에 보내 주셨다는 사실을 굳게 믿고 있다. 따라서 남북통일에 앞서 이들 탈북민들을 어떻게 신앙 훈련을 시켜 제자화하고 남한 생활에 잘 정착시켜 통일 일꾼으로 양성하느냐하는 중대한 사명이 우리에게 주어졌다. 이제 탈북민들을 향한 한국 교회의 기도와 간구는 선택이 아닌 필수로, 주변 사역이 아닌 주요 사역으로 자리매김해야 하며, 소수 몇몇 교회가 아닌 한국 교회 전체의 사역이며 통일 한국을 맞이하기 위한 최우선이며 가장 최선적인 하나님의 사역이 되었다.

그러나 이 땅에 사는 탈북민들이 처한 특수상황은 많은 어려움을 안고 살아가야 하는 현실이다. 오랫동안 '어둠의 영' 속에서 갇혀 지내왔으며, 불안정한 상황에서 오는 정서적·심리적·육체적 어려움이 있고, 탈북 전후 과정에서 비극적인 가정 해체로 가정이 붕괴되었으며, 극심한 외로움으로 인한 좌절과 소망 없는 텅 빈 마음으로 살고 있고, 남북한 교육 환경의 차이에서 오는 절망감과 문화적 차이에서 오는 문화 충격 속에서 살고 있다.

1. 통선위 2007년~2008년

2007년 1월부터는 오랫동안 양육부장으로 통선위를 섬겨왔던 곽종훈 장로가 4대 위원장의 직분을 맡게 되었으며, 필자가 부위원장으로 위원장을 보필하며 새롭게 통선위와의 만남을 시작하게 되었다. 초창기부터 어려운 사역을 개척하며 감당하셨던 임용석 목사는 개척교회로 청빙되어 떠나게 되었고, 현장에서 탈북민 인권 문제와 통일 사역을 해오던 정반석 목사가 새로 담당 목사로 부임하여 통일선교위원회를 섬기게 되었다. 양육부 김수환 집사, 지원부 민경식 집사, 교육부 오명도 집사, 총무 전호일 집사, 회계 양영수 집사, 그리고 유택수 집사, 유욱 집사, 남궁진 집사, 백대우 집사, 한지만 집사 등 여러 위원들이 지속적으로 통선위와 함께 하였다.

(1) 양육부 프로그램 강화

교회에 함께 하게 된 탈북민들을 양육하기 위한 프로그램으로 가장 중요한 것이 성경공부라고 할 수 있다. 탈북민들에게는 북한에서 전혀 접해보지 못한 생소하고 어려운 성경과 복음을 쉽게 이해하고 하나님을 알아가는 데 도움이 되도록 맞춤형 성경공부가 필요하다고 판단되며, 무엇보다 서로간의 신뢰감이 형성되는 것이 중요하다. 성경공부에서 서로간의 거리감을 좁히고 깊이 있는 공감대를 형성하기 위해서는 탈북 성도들의 개인적 아픔을 함께 나누고 사랑을 나누는 성경공부 구조가 필요하다.

◇ **새가족 양육교사 교육 집중 및 강화**

교사 교육을 위해 교사 양육반을 12주 동안 실시하여 교사들이 탈북성도를 이해하고 돕도록 하였다.

◇ **중·대그룹 성경공부와 일대일 교제조를 병행 운영**

주일에는 탈북 성도와 남한위원을 4~5개의 중·대그룹으로 구성하여 목자 중심의 성경공부가 진행되었으며, 특별한 돌봄이 필요한 탈북 성도에 대해서는 일대일 교제조(멘토링)가 구성되어 밀도 있는 개인 교제를 병행하여 운영하였다.

◇ **성경공부는 기존 교재와 자체 교재 개발하여 사용**

성경공부 교재는 「하나님의 가족」과 자체 성경공부 교재를 곽종훈 장로와 정반석 목사의 감수를 거쳐 사용하였다.

(2) 교육부 통일선교위원회 세미나 실시

주일 통선위 자체의 모임뿐 아니라 탈북 성도들에게 남한 사회와 문화, 역사를 올바로 이해시키고 다양한 과학적 지식을 고양시키기 위하여 교육부 주관으로 외부 강사를 정기적으로 초빙하여 세미나를 실시하였다.

(3) 통일선교위원회 월례기도회 운영

매월 마지막 토요일에는 남서울은혜교회 본당에서 남한 위원들과 탈북 성도들이 함께 만나 사전에 제출된 각 부서와 위원들의 기도제목을 나누며 통성으로 기도회를 가졌다. 기도회 준비는 양육부에서 하였으나 진행은 통선위 각 부 주관으로 진행하였고, 기도회 후에는 교회 근처 식당으로 이동하여 함께 식사하며 교제를 하였다.

월례 기도회를 위한 주제 성경 본문은 예레미야 33장 3절이었다.
"너는 내게 부르짖으라. 내가 네게 응답하겠고 네가 알지 못하는 크고 비밀한 일을 네게 보이리라."

다음 내용은 2007년과 2008년 진행되었던 월례기도회 모임의 일부를 기록한 것이다. 당시 통일선교위원회에서 함께 기도하였던 문제와 내용들을 살펴보면 통일 선교 사역을 이해하는데 도움이 될 것으로 생각한다.

남서울은혜교회 통일선교위원회 2007년 4월 기도모임

1. 일시 : 2007. 4. 28(토) 18:00-20:00

2. 장소 : 남서울은혜교회 본당(2층) 친교실

3. 사회 : 오명도 집사 (교육부 부장)
   찬송 : 찬양곡 (남궁진 집사 인도)
   말씀 : 곽종훈 장로
   기도 : 다함께

† 자신을 정결케 하는 기도
   - 자신의 죄를 회개
   - 가족과 가정
   - 직장 내 선교사의 사명 감당

† 남서울은혜 통선위 사역을 위한 기도
   - 사역자간의 화합
   - 탈북민들과 위원들의 하나됨
   - 주일 모임, 교육, 청년부 사역

† 수련회 4월 14일~15일
   - 좋은 날씨와 탈북민들의 많은 참여
   - 참석자 서로 간에 깊이 알 수 있는 기회
   - 수련회 기간 내내 은혜 넘치도록
   - 찬양을 통해 기쁨이 넘치는 성령님 체험

* 중간 기도 : 곽종훈 위원장

† 여명학교, 탈북민 교육
  - 탈북민의 남한 생활 정착
  - 직업의 의미를 바로 알고 잘 준비
  - 육체적, 정신적으로 온전한 회복을 경험
  - 북한 선교사 양성

† 탈북민과 인도자들의 안전과 자금 조달
  - 태국에서 체포된 ○○○ 씨 긴급 수술 받고 서울로 무사히 올 수 있도록
  - 정반석 목사님과 김상헌 장로님의 사역 위에 주님의 은혜가 넘치길
  - 탈출 과정에서 만난 하나님을 평생 기억할 수 있도록

† 조기 통일
  - 고통 받고 굶주리는 북의 형제들을 위해서
  - 일사각오로 오직 주님만을 의지하는 지하교인들의 안전과 성령 충만을 위해서
  - 남한 사람들이 긍휼한 마음으로 통일 비용을 감당할 마음을 허락하도록

* 마무리 기도 : 정반석 목사

남서울은혜교회 통일선교위원회 2007년 8월 기도모임

1. 일시 : 2007. 8. 25(토) 18:00-20:00

2. 장소 : 남서울은혜교회 본당(2층) 친교실

3. 사회 : 오명도 집사 (교육부 부장)
   찬송 : 찬양곡 (남궁진 집사 인도)
   말씀 : 곽종훈 장로
   기도 : 다함께

† 자신을 정결케 하는 기도
 - 자신의 죄를 회개와 영적인 순결함을 위해서
 - 가족과 가정의 평안과 화목을 위하여
 - 직장 내 그리스도인으로서의 사명 감당과 비전을 위하여

† 남서울은혜 통선위 사역을 위한 기도
 - 현 위원들의 적극적 사역참여와 역할 분담
 - 통선위와 함께 할 새로운 위원들의 충원을 위해서
 - 통선위 규모 확장에 따른 탈북민 주중 사역과 주일 모임, 성경공부의 체계화
 - 추계 수련회 준비와 프로그램

† 양육부 기도제목
 - 누구나 쉽게 알려주고 배울 수 있는 교제가 조속히 선정되길
 - 교사들의 모임이 결성되고 많은 분들이 참석할 수 있게
 - 새신자 양육 기간을 통해 탈북민들이 복음을 받아들여 삶이 변화되는 역사가 이루어지길

† 교육부 기도제목
- 8월 26일 전교인 대상 통일선교세미나
  (강사: 윤영관 전 외교부장관, 현 서울대 교수)
- 통선위 자체 세미나의 준비와 프로그램
- 여명학교가 8월 28일 개학, 학생들이 새학기를 잘 계획하고 준비하여서 2학기에 더욱 열심히 공부할 수 있도록, 9월 14일 3주년 개교 기념식을 위해서
- 여명학교 남산 이전(2008년 3월 오픈)과 새로운 환경 적응과 안착을 위해서

† 지원부 기도제목
- 정부와 교회 연합의 탈북민 정착지원센터 프로그램 실행화를 위하여
- 통선위 정착지원센터 사업의 재원 확보와 실시를 위하여

† 청년부 기도제목
- 기존 남·여 반과 최○○과 전○○을 위한 반을 하나 더 만들고자 함, 교사들과 보조 교사로 세워질 일군들을 위해서
- 대학에 응시원서를 낸 김○○(19)을 위해서, 모든 일에 하나님의 주권을 인정하고, 이 시대의 요셉으로 준비될 수 있도록
- 김희선 자매가 목요일부터 하나원 시흥 분원에서 영어교사를 하고 있는 청년들(한지만, 안성려, 권태규)과 함께 하기로 함, 하나님이 능력 주시고, 무엇보다도 그들을 사랑하는 예수님의 마음을 주시도록
- 차량으로 섬겨주기로 헌신한 위재성 형제의 하는 일과 주일 10시 30분부터 성경공부가 끝날 때까지 탁아를 맡고 있는 위재성 형제가 함께 아이들을 돌볼 손길을 필요로 하고, 또한 효과적인 프로그램을 위해서 생각하고 있음, 지혜 주시도록

† 위원 기도제목
- 양영수 위원과 함께하고 있는 한국기독실업인회 회원 중에서 탈북민의 취업과 통일한국을 위한 지도자 양성에 사명 의식을 가진 회원들을 찾고 있음, 10여 명 정도의 기도모임이 출발할 수 있도록
- 탈북 청년 중에서 9월부터 시작하는 교회의 전폭훈련에 관심 가진 청년을 찾고 있음

† 북한 이탈 탈북민과 인도자들의 안전과 계획
- 중국 정부 차원의 중국 체류 탈북민의 체포와 송환 계획 저지
- 중국 베이징 올림픽 전 중국 체류 탈북민의 국제난민 지위 획득
- 정반석 목사님과 김상헌 장로님의 사역 위에 주님의 은혜가 넘치길
- 탈출 과정에서 만난 하나님을 평생 기억할 수 있도록

† 남북관계와 통일, 세계선교
- 장마와 수해로 더욱 고통 받고 굶주리는 북의 형제들을 위해
- 일사각오로 오직 주님만을 의지하는 북한 지하교인들의 안전과 성령 충만
- 남한 사람들이 긍휼한 마음으로 통일 비용을 감당할 마음을 허락
- 아프가니스탄에 억류된 19명 한국인 인질 석방과 이슬람권 복음화
- 남북정상회담과 대통령 선거

* 마무리 기도 : 곽종훈 위원장

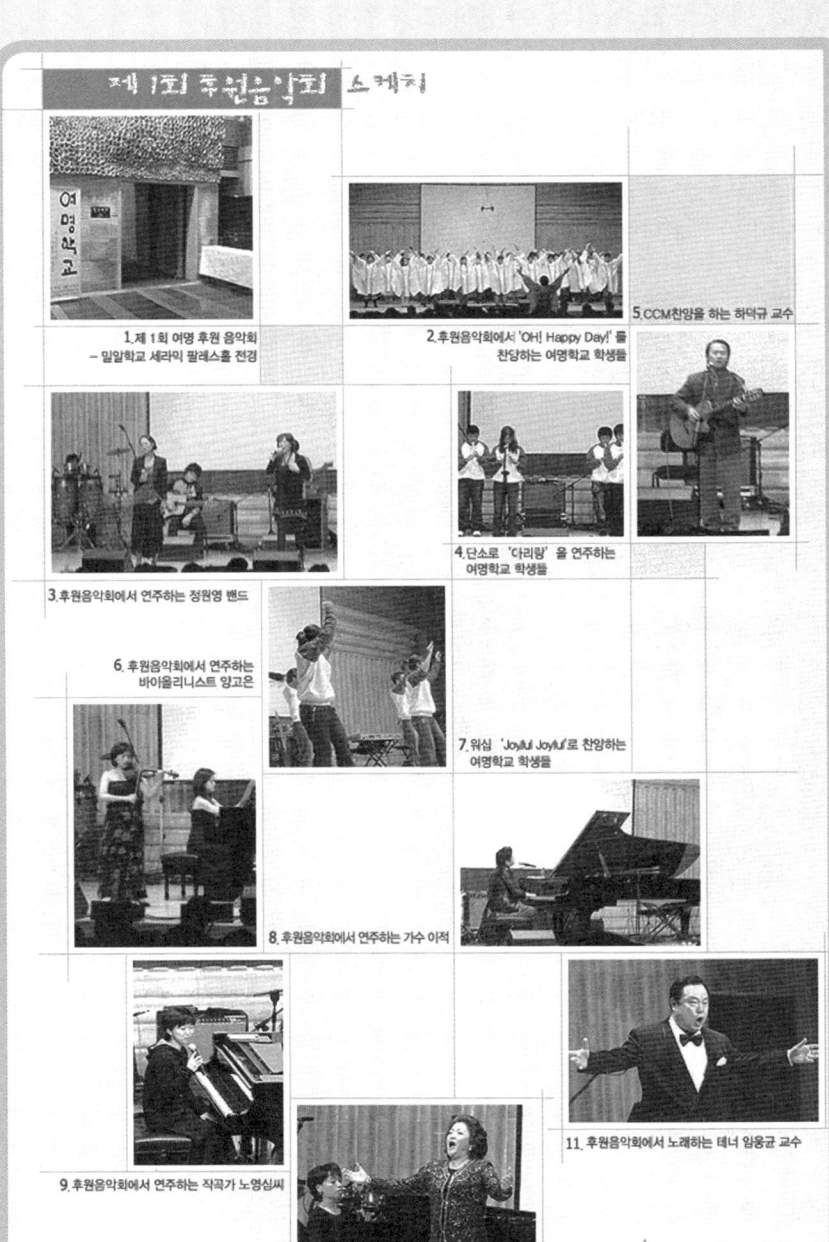

(4) 여명학교 이전과 여명학교 후원의 밤 개최

여명학교는 낙성대에서 시작하여 협소한 장소에서 탈북 청소년을 교육하여 왔으나, 2008년 3월에는 높은뜻숭의교회 김동호 목사의 도움으로 남산 소월길 옆의 학교 건물로 공간을 2배로 넓혀서 좋은 환경으로 이전하게 되었다.

탈북 청소년 대안학교인 여명학교의 설립과 운영을 지원하고 있는 통선위에서는 매년 특별후원을 통해 여명학교의 부족한 운영예산을 충당하기 나누기 위하여 매년 11월 말 토요일에 여명 후원의 밤을 개최하여 진행해 오고 있다. 여명의 밤 행사를 통해 교회와 외부에는 탈북민의 교육지원에 대한 긍정적 인식을 확산시키고, 행사에 참여하는 탈북 학생들의 변화된 모습을 후원자들에 직접 보여드림으로써 동참하는 모든 후원자들과 참가자들이 함께 은혜와 감사를 나누는 뜻있는 시간이다.

다음은 2008년 11월 밀알학교 그레이스홀에서 열렸던 제4회 여명 후원의 밤 행사 내용을 요약한 것이다. 탈북 청소년을 위한 여명학교를 돕기 위해 배우 차인표, 가수 주영훈이 속해 있는 컴패션의 연예인들이 무료로 공연을 해주어 후원 행사에 큰 도움이 되었다.

- 후원티켓 판매 : 2008년 11월 23일 주일 1부, 2부, 3부 예배 후
  　　　　　　　판매대 운영
  　　　　　　　통선위 청년부, 여명학교 교사, 여명학교 학생들
- 행사 일시 : 2008년 11월 29일 (토) 오후 7:00-9:30
- 행사 장소 : 밀알학교 그레이스홀
- 행사 내용 : 1부 여명학교 소개 (사회: 방주원)
  　　　　　　2부 학생공연 (사회: 방주원)
  　　　　　　3부 후원공연 (사회: 주영훈, 엄지원)
- 출 연 자 : 차인표, 유리상자, 나오미, 박시은, 이윤비, 심태윤, 황보
- 참석인원 : 총 1,400명
- 행사 비용 정산 후 후원금 총액 : 양 기관 합계 7,000만원 정도
- 행사지원 : 통선위 청년부, 남서울은혜교회 청년부, 송파제일교회
  　　　　　 청년부

(5) 탈북민 정착지원제도 변경에 따른 대응

2007년 1월부터 정부에서는 탈북민 정착 지원금과 생계비를 축소하고 취업 장려금을 인상하여 노동 의지를 고취시키기 위해 변경하였고 생계비 지원의 면제기간과 특례기간을 축소하였다. 이러한 정착지원제도 변경은 탈북민들에게는 매우 민감한 사안이므로 이러한 변경에 따라 교회에서의 탈북민들에 대한 적절하고도 실질적인 지원이 검토하기 시작했다. 특히 인가학교가 아닌 여명학교에서는 지원제도변경에 따른 학생들 생활정착지원 문제가 심각하게 대두되었다.

2. 통선위 2009년-2010년

2009년 1월부터는 곽종훈 장로의 뒤를 이어 필자가 5대 위원장의 직분을 맡아 통일선교위원회를 섬기게 되었다. 담당목사 정반석 목사, 부위원장 김재훈 집사, 양육부 김수환 집사, 지원부 유 욱 집사, 교육부 오명도 집사, 기획총무 양영수 집사, 회계 전호일 집사, 이외에도 새로 강화된 하나선교팀 조창식 집사, 사회봉사팀 탁정화 집사, 심방사역팀 김경희 권사 등이 헌신하였고, 남궁진 집사, 백대우 집사, 한지만 집사 등 여러 위원들이 지속적으로 통선위와 함께 하였다. 출범 초기 통선위 지원부장을 맡았던 유 욱 집사는 개인적 사정으로 인하여 그동안 진행하여왔던 탈북민 취업지원 사업에만 집중하게 되고 지원부장은 최유식 집사가 뒤를 잇게 되었다.

2009년과 2010년은 특히 통선위 대내외적으로 격변기였다. 연 3천 명이 넘는 탈북민이 하나원 교육 수료 후 전국에 배치되었고, 그 누적 인원은 드디어 2만명을 넘게 되었다. 정부의 탈북민 지원정책도 대대적인 변화가 있었다. 통일정책은 통일부가, 집행은 탈북민지원재단으로 이원화 된 것이다. 하나원 원장도 교체되고, 10년 이상을 시무하던 하나교회의 강철민 목사가 사임을 하고, 젊은 이승재 목사가 새로 부임하였다. 통선위도 임용석 목사 후임으로 시무하시던 정반석 목사가 사역지 이동으로 사임하면서 몇 달 동안 전임사역자 없이 교회 부목사들이 매주 돌아가며 설교를 담당하는 과도기를 거쳐, 북한 선교 사역에 소명을 받고 북한대학원대학교를 졸업한 김영식 목사가 부임하면서 새로운 전기를 맞게 되었고 많은 새로운 시도가 있던 시기였다.

이전과 중복되는 사역은 생략하고 새롭게 시도된 내용만 간략하게 요약 보고를 한다.

(1) 통일선교위원회의 탈북민 선교사역 방향 정립

통일선교공동체를 실현하는 것을 목표로 잡고 제자공동체, 영적공동체, 통일공동체 실현의 3대 공동체 실현을 새로운 사명으로 정하고 모든 사역을 세 가지 공동체 실현에 맞추었다. 위원회의 영문 명칭을 UMC(Unification Mission Community)로 명명하였다.

(2) 3대 공동체 실현을 위한 사업영역 분장

3대 공동체 실현을 3개 부서에 나누어 사역 업무를 분장하였다. 즉, 통일 후 북한 복음화를 감당할 제자를 양성하는 제자공동체는 양육부, 남한의 어려운 생활을 극복하기 위한 성령 충만한 영적공동체 실현은 지원부, 남북이 주 안에서 하나로 연합하는 통일공동체 실현은 교육부가 담당하도록 하여 역할과 책임을 명확하게 하였다. 특히 세 부서를 스텝으로 돕기 위해 총무기획팀, 봉사팀, 심방사역팀을 신설하여 전 남북한 위원을 전문 사역팀으로 배치하여 전원이 참여하는 사역으로 전환하였다. 특히 심방사역팀은 탈북민 가정을 수시로 심방하여 환자를 격려하고 의사의 진료를 받을 수 있도록 안내해 주는 등 탈북민의 고달픈 남한살이에 청량제 역할을 감당하였다.

(3) 일반교구 목장 체제 도입 및 탈북 성도 제자화

탈북민을 북한 선교 제자로 양성하기 위한 양육부 산하의 성경공부 목장 편성을 교회의 일반 교구 목장 편성 체제를 도입하여 교회 일반교구와 통합을 처음으로 시도해 보았다. 통일선교위원회를 교회 제8교구로 가정하고 지도목사는 교구장, 조장을 임명하고, 조 밑에 소목장을 편성하여 목자와 부목자를 임명하여 목자들이 목장을 인도하도록 하였다. 특히 부목자는 전원 탈북 성도들을 임명하여 본격적으로 탈북 성도 제자화에 돌입하였다.

두 번째 해인 2010년에는 부목자 중에 2명의 목자가 배출되었다. 교재도 일반교구에서 쓰는 목장 교재를 활용하면서 탈북 성도들이 일반교구 목장 활동이 가능하도록 하였다. 실제로 몇 분의 탈북 성도들은 일반교구에 편성되어 잘 적응하는 사례도 있었다. 제자공동체 실현을 위한 실제적인 활동은 제자반 활동을 통해 이루어진 점이다. 신앙이 오래되고 성장과 훈련이 필요한 탈북 성도를 대상으로 자체 제작된 교재를 가지고 총 2학기 과정으로 진행되어 4명이 수료하고 현재 2기가 진행되는 걸로 알고 있다.

(4) 하나원 방문 사역 확대

하나원 3개월 기간 동안 신앙생활의 모든 기본이 확립 된다는 점에서 매우 중요하다고 판단하여 하나원 방문사역을 전담하는 하나원 사역팀을 구성하였다. 팀장을 임명하고 전담팀원을 배치하고 교회의 봉사팀, 전도폭발팀, 하나원 홈스테이 자원가족 등과 연합하여 월 1회 하나원 방문을 실시하고 신앙상담, 진로상담 등 배치 전 관계를 돈독히 하도록 하였다. 특히 수료 후 서울 근교에 배치되는 탈북민들을 미리 파악하여 사전 준비 및 심방사역팀 심

방 및 생활 용품 구입 및 지원 등을 하도록 하였다. 탈북민 새 가족이 교회에 출석하는 순간부터 교회 등록, 바나바, 새신자 교육 등이 바로 이어지도록 조직화 체계화한 결과 많은 새 가족들이 출석하게 되었다.

(5) 탈북민 취업지원센터 운영

탈북민 자녀들을 위한 여명학교가 통선위 주도로 설립되어 대표적 탈북 청소년 대안학교로 성장하고 있는데, 이에 못지않게 중요한 사역이 탈북민의 성공적인 남한 정착을 위한 탈북민 취업을 돕는 사역이다.

통선위에서는 많은 분들의 헌신과 기도와 물질적인 헌신으로 탈북민 취업을 돕는 프로그램을 운영하여 현재 9기까지 100여 명이 수료하고 그 중 70명이 취업 등에 성공하였다. 현재 10기 15명이 교육 중이며 6월중에 4주간 교육이 끝나면 7월 한 달 동안 실제적인 구직활동을 통해 취업할 계획이다.

한국 최초의 맞춤형 취업지원 교육은 탈북민들이 북한에서 해 왔던 직업과 적성, 능력을 파악하여 본인에게 가장 적합한 직업을 선택하도록 하는 것이 목표다. 탈북민 취업지원센터는 처음에는 통선위 지원부 유 욱 집사를 중심으로 탈북민 취업지원을 위한 맞춤형 프로그램을 마련하여 사역을 감당하다가 한 때는 그 규모를 확대하여 한반도평화연구원과 함께 운영하였다. 현재는 사회복지재단인 '함께하는재단' 소속으로 있으며 장애인과 다문화 가족과 함께 이 땅의 가장 취약한 계층의 사람들에게 자선이 아닌 기회를 주는 사역으로 성장해 나갈 것이다.

(6) 월례회의 활성화

이 외에도 통일공동체 한마당이 연출되는 월례회가 매달 첫 주에 진행되었다. 다양한 프로그램을 통해 친교와 교제를 나누며, 신앙 간증을 나누고, 남북한 음식을 나누어 먹는 날과 북한 민속놀이, 북한 노래와 춤 경연 등 다양한 활동을 통해 남북 통일이 된 이후의 모습을 미리 재현해 보는 시간을 갖도록 하였다. 남과 북이 함께하는 봄과 가을에 개최되는 수련회의 추억도 많이 남아 있다.

다음은 2009년 10월 추석 명절을 맞이하여 UMC 월례회를 준비하고 진행된 내용을 보여주고 있다.
- 제목 : 추석맞이 찬양, 나눔과 놀이 한마당
- 일시 : 2009년 10월 4일 오전 10:10~12:30
- 장소 : 밀알학교 성산홀

번호	시간 (소요시간;분)	내 용	진행 및 담당자	준비사항	비고
1	10:05-10:20 (15)	찬양	남궁진 집사 UMC 찬양팀	마이크 4 마이크 스 탠드 1 보면대 1 ppt 화면	
2	10:20-10:35 (15)	새가족소개 생일축하 전교인 체육대회 수련회 안내	진행 : 양영수 집사	마이크 1 생일케잌 ppt 화면	
3	10:35-10:50 (15)	중보기도 나누기 및 기도회	인도 : 김영식 목사	마이크 1 ppt 화면	
4	10:50-11:00 (10)	교제의 시간	자유롭게	자리 정리 및 식사 준비	
5	11:00-11:45 (45)	식사 교제 송편 및 다과	준비 : 사회봉사팀 양운길 집사	마이크 3 마이크 스 탠드 1	비빔밥 (성산홀)
6	11:45-12:35 (50)	북한 추석명절 놀이한마당 (노래, 춤, 장기자랑)	사회 : 한지만 집사	마이크 1 보면대 1 ppt 화면	
7	12:35-12:45 (10)	시상 및 마무리	시상 : 장형옥 장로		1등상 2등상 3등상

* 시간 엄수를 위하여 시작 시간이 정확하도록 담당자 및 위원님들은 협조 부탁드립니다.
* 진행을 하시는 분은 다음 진행자를 반드시 소개하고 다치시면 됩니다.
* 사전 준비 및 음향 담당 : 남궁진 집사, 위재성 형제
* 새가족 소개 및 생일, 광고 담당자 : 양영수 집사
* 장기자랑 사회자 선정 : 한지만 집사 (중간에 북한노래 배우기, 공동게임, 퀴즈 등 준비)
* 탈북 성도 참가자 최종 확인 및 격려 : 나동수 집사, 오영도 집사 (금주 목요일까지 확인 예정)
  : 예상 참가자 1. 조00 집사, 강 0 성도, 장00 성도
             2. 이00 성도, 유00 성도
             3. 최00 집사, 김00 집사, 김00 성도 외 (가족참가)
             4. 전00 집사
             5. 이00, 최00 집사부부
             6. 청년들
* 상품 준비 : 양영수 집사
             1,2,3등 상 준비 (1등 1팀, 2등 2팀, 3등 3팀)
             전체 탈북 성도 가정당 선물 : 50세트

(7) 하나원 교육생 가정생활 체험 홈스테이 진행

통선위는 2009년 처음으로 통일부가 주최하고 한정협과 교회가 공동 주관하는 '하나원 교육생에 대한 홈스테이'를 주관하여 진행하였다. 통일선교위원회가 타 교회에 비해 상당히 활성화되어 있다고 하는 남서울은혜교회 통선위에 참여하는 위원들은 통일선교에 대한 분명한 비전과 소명을 갖고 있으나, 일반 교인들은 탈북민에 대한 이해와 지원, 특히 통일선교에 대한 인식이 매우 부족한 형편이다. 따라서 일반 교인들이 하나원에서 교육중인 탈북민을 직접 만나서 1박 2일로 함께 생활하는 체험을 갖는 것은 교회 내에서 부족한 통일선교에 대한 인식을 변화시키고 확산시키는데 긍정적 효과가 매우 크다고 할 수 있다.

(8) 여명학교 학력 인가 취득

비인가학교로 운영되어온 여명학교는 드디어 여명학교 개교 7년만인 2010년 3월에 그동안 기도하며 간구하였던 것처럼 대한민국 최초로 임대 건물을 사용하는 탈북 청소년을 위한 3개 학급 50명 규모의 고등과정 대안학교로서 교과부로부터 정식 인가를 받게 되었다.

현재 여명학교는 이제 더 이상 검정고시가 필요치 않은 학력인가 고등과정 50명을 포함하여 미인가 과정인 초·중등과정 20명 등 총 70명의 탈북 청소년들을 위한 교육기관으로 운영되고 있다.

1.4. 통일 선교 사역 새로운 10년을 시작하며
(2011년-현재)

2011년 1월부터는 장형옥 장로의 뒤를 이어 부위원장으로 함께 해왔던 김재훈 장로가 6대 통선위 위원장의 직분을 맡아 통일선교위원회를 섬기게 되었다. 통선위 조직은 3부에서 5부로 확대 개편되어 담당목사 김영식 목사, 부위원장 오명도 집사, 양육부 윤재명 집사, 지원부 민홍식 집사, 교육부 최유식 집사, 새로 신설된 운영부 양영수 집사, 전도부 양윤길 집사가 맡게 되었으며 그 구체적 사역은 이후 통선위 사역에서 담당 부장들이 소개하게 될 것이다.

우리는 주님 안에서 남북이 복음적 평화통일이 이루어지는 날까지 눈물의 기도와 헌신을 멈추지 않을 것이다. 탈북민들의 눈에 흐르는 눈물을 닦아내는 참사랑의 실천이 계속되기를 간절히 기도한다.

이후의 사역은 앞으로 15주년 혹은 20주년 역사에서 계속 나누도록 하겠다.

제2장

탈북민과 함께하는 교회 프로그램

통일, 우리는 이렇게 시작했습니다

2.1. 통일선교위원회 운영

2.2. 탈북민 전도

2.3. 탈북 성도 지원

2.4. 탈북 성도 양육

2.5. 통일 교육 사역

2.6. 통일 청년 사역

2.1. 통일선교위원회 운영

운영부장 양윤길 집사

　남서울은혜교회가 통일 선교 사역을 시작한지 10년이 넘었다. 그동안은 자유를 찾아, 사선을 넘은 많은 탈북 동포들에게 우리가 어떻게 복음을 전해서 정착에 도움을 줄 수 있을까 하는 원론적인 관점에서 선교 사역을 해 왔었다. 그러나 이제는 10년 동안 여러 과정과 많은 시행착오를 거치면서 구체적이고 분명한 목표가 보이기 시작했다. 이제는 이러한 분명한 목표를 향해 교회는 다음과 같은 관점에서 보다 더 구체적인 노력을 기울여야 할 시기라고 생각한다.

1) 기아와 박해로 고통 받던 탈북 동포들의 인권이 회복되고 복음적 통일을 이루는 기초를 준비하는 일이다.
2) 북한을 떠나 중국과 제3국에서 떠도는 많은 탈북 동포들이 북송되거나 어려움을 당하지 않고 안전하게 우리 품에 안길 수 있도록 돕는 일이다.
3) 이미 남한에 정착한 동포들이 우리 사회의 문화와 정서를 바르게 이해하고 사이비 종교 집단의 유혹에 빠지지 않도록 올바른 믿음을 갖게 하는 일이다.
4) 그리하여 모두가 하나님을 영접하고 곧, 통일이 되면 북한 복음화와 남북 통합에 큰 역할을 담당할 수 있는 일꾼을 지금부터 준비하는 일이다.

5) 능력과 적성에 맞는 직업 훈련과 교육을 통해서 조기에 건전한 대한민국 국민으로서의 성공적인 정착을 돕는 일이다.

1. 통선위 조직

남서울은혜교회는 30개의 각종 위원회로 구성되어 있다. 그중에 하나인 통일선교위원회는 늘어나는 탈북 등포들의 체계적인 신앙 교육과 곧 다가올 통일에 대비하여 남북한 성도가 한 가족 공동체가 되어 통일 훈련을 하는 특별한 목적의 위원회로 출발하였다.

2010년까지는 '양육부', '지원부', '교육부'의 3개 부서가 있었지만, 점차 탈북 성도가 증가하면서 효율적 관리를 위하여 '운영부'와 '전도부'를 신설 확대하였다. 또한 '지원부'의 역할을 대폭 확장하였고(생활정착지원, 법률지원, 의료지원, 취업지원 등), '전도부'는 하나원 복음 전도와 이들의 홈스테이, 도시문화체험행사에 매진할 수 있도록 하고, '양육부'는 목장 운영관리, 교사 양육, 바나바 교육, 새신자 관리를, '교육부'는 교육관련 책자 발간과 신입위원 교육, 각종 세미나 개최 등을 담당하게 되었다.

그리고 '운영부'는 이 4개 부서가 원활히 잘 돌아갈 수 있도록 재정 지원, 회계 관리, 행사 주관(봄·가을 수련회, 명절행사, 특강) 등 통일선교위원회의 연중 전체 일정의 운영을 총괄하도록 세분화하였다.

운영부는 새해가 되면 가장 먼저 해야 할 일이 통일선교위원회 구성원의 교적부를 정확하게 정리하는 일이다(주소, 성명, 직분, 집 전화 번호, 핸드폰 번호, 소속목장 등). 연초에 조직을 재정비하여, 업무 분장표를 만들어 본인이 맡고 있는 역할과 책임감을 강조하였다.

모든 부서는 부장 중심의 업무처리, 그리고 성경 공부 등은 목자 중심의 운영체계로 이원화하였다. 종전에는 회계와 서기가 독립적으로 운영되었으나 보다 빠른 업무처리와 일관성 있는 행정을 위하여 운영부로 편입시켰다.

　획기적인 조치로는 신앙이 성숙되고 오랫동안 통선위에서 모범적인 신앙생활과 정착에 성공한 탈북 동포들을 엄선하여 일선 목자들로 전진 배치하는 시스템을 도입하였다.

2012년도 통일선교위원회 조직편성

지도목사: 김영식　　위원장: 김재훈 장로　　부위원장: 김종주 집사

양육부	지원부	전도부	교육부	운영부	청년교육팀	찬양부
김신현 집사 이영복 집사	양영수 집사 이정도 집사	민홍식 집사 양환영 집사	백대우 집사 이영복 집사	양윤길 집사 박진호 집사 회계: 김성훈 서기: 김지영	김준일 집사	이정경 집사

목장 목자 편성

장년 샬롬

목자	부목자
이덕광 집사	이중묵 집사 이영목 집사
양환영 집사	김진호 집사 손승호 집사
김유미 집사	강 윤 집사
조연지 집사	강순진 집사
김미숙 집사	김춘금 집사
강혜경 집사	김미화 집사
정순일 집사	김선옥 집사
남창혜 집사 배혜숙 집사	유영금 집사
김종주 집사	최응희 집사

청년 아동

형제

목자	부목자
김준일 집사	나동수 집사
이재영 성도	방윤영 집사 김성훈 집사
양영수 집사	박진호 집사

자매

목자	부목자
박정애 집사	김혜경A 성도 최정아 집사
박성희 집사	문예지 성도 공하나 성도

예수마당

어린이	주은숙 집사	김인영 성도 박상인 성도
청소년	이선윤 집사	강형수 성도

2. 통선위의 예산

통일선교위원회의 각 부서별 2012년 연간예산을 [표 2]에 참고로 제시하였다. 위원회의 중요성과 영역의 확대로 인하여 전년 대비 20.8%가 증액 편성되었으며, 여기서 대외기관 지원금은 외부사역의 중요성을 반영하여 전체 예산 중에서 63%로 과반을 초과하였으며, 대외지원예산의 주요 내용은 여명학교, 정착지원센터, 북사목, 하나로장학회, 정착지원센터, 한정협, 자유터학교, 해외사역지원, 북한정의연대, 하나원교회, 한꿈교회 등을 돕는 외부지원 사역이다.

[표2] 2012년도 통선위 각 부 예산(안)

항목	예산 편성 내역	예산규모 (원)	비율(%)
전도부	하나원 방문전도, 홈스테이 등	1*,000,000	8%
양육부	양육지원비, 목회심방비 등	*,000,000	4%
지원부	장학지원, 생활정착지원 등	*0,000,000	13%
운영부	예배활동, 수련회, 만남과나눔 발간 등	1*,000,000	8%
교육부	통일선교학교 개설 운영 등	2,*00,000	1%
청년팀	청년 리트릿, 단기선교 교육비 등	4,*00,000	2%
찬양팀	하나콰이어 연주, 예배와 찬양 인도 등	2,*00,000	1%
대외기관지원	여명학교, 정착지원센터 외 8개 기관차원	139,200,000	63%[2]
2012년 예산 합계		219,420,000	100%

---

2) 외부 사역에 따른 예산이 전체의 60%를 초과함(외부사역의 중요성을 반영)

3. 통선위의 사역내용과 운영

통선위 부서별 사역내용과 담당과 관련팀은 [표 3]과 같다. 각 부의 사역을 감당하기 위하여 세부 조직으로 사역 내용에 따라 별도 팀을 구성하여 운영하고 있다.

[표 3] 2012년 UMC(통선위) 사역분장
(지도: 김영식 목사, 위원장: 김재훈 장로, 부위원장: 김종주 집사)

부서	사역내용	담당자	관련팀	비고
양육부	바나바	김신현 집사	새가족팀	- 양육 프로그램 개발 - 목원관리
	새가족			
	목장소그룹(일반 목장, 리더반)		일반목장팀 새가족목장팀	
	목회심방 ☞ 양육교재 제작		교재개발팀	
지원부	하나원 퇴소 후 지원	양영수 집사		- 각 단체 지원 연계 협조 - 청년교육팀 지원
	건강지원		건강지원팀	
	취업정보지원		취업지원팀 (취업지원센터연계)	
	법률정보지원		법률정보지원팀	
	장학지원(인재양성)		장학지원팀	
	노인복지지원			
통일교육부	신입위원 교육, 기존위원 교육 개발 ☞ 통일선교학교, 통일사역컨퍼런스	백대우 집사	통일교육개발팀	- 강사섭외 - 프로그램 준비
	6월 나라와 민족을 위한 기도회 ☞ 매월 나민기(월1회, 전교인 대상)		중보기도팀	
	만남과 나눔 발간(10년사 발간)		만나 발간팀	
전도부	하나원 방문전도	민흥식 집사	하나원 전도팀	- 매월 넷째주 하나원 방문 - 둘째 목요일 주중 전도 - 하나교회 연계
	하나원 도시문화 생활체험 행사, 탈북민 전도			
	주중 전도팀, 이미용팀 운영		주중사역팀	

운영부	월례회	양윤길 집사	총무	회계: 김성훈 집사 서기: 김지영 성도 통선위 제반운영, 회계 기록 관리
	문화 활동		회계	
	수련회(봄, 가을 1박 2일)		서기	
	외부선교 단체 및 여명학교, 탈북민취업지원센터 후원금 관리		대내외협력팀	
	☞ 외부 교회 및 단체 네트워킹			
	부서간 연계지원, 명절행사 지원			
청년 교육팀	청년하계북방선교사역 (청사위 연합) ☞ 탈북청년하계선교사역 (통선위 자체)	김준일 집사	청년선교팀	- 청·장년 친목도모
	청사위 연계 지원		청년목장팀	
	남북이 하나되는 리트릿(연2회)			
UMC 찬양팀	예배 찬양 인도 및 준비 ☞ 하나콰이어 지도 및 연주회 (연2회) ☞ 단원 모집 및 교육 ☞ 악기관리	이정경 집사	찬양팀	
			하나콰이어팀	

다음 페이지에 있는 [표4]는 통선위에서 진행하는 연간 행사 내용과 주관부서를 나타내고 있다.

운영부의 연간 행사 중 가장 큰 행사로는 봄·가을에 갖는 1박 2일의 영성수련회이다. 외부 강사를 초청하여 말씀과 기도를 통한 하나님의 사랑을 체험하고, 성도간의 친밀한 교제를 통하여 가족공동체를 경험하는 풍성한 은혜의 시간을 갖는다.

또한 설과 추석에는 각종 민속놀이와 게임, 푸짐한 경품 추첨 행사를 통하여 두고 온 가족과 친척들로 인한 외롭고, 쓸쓸한 마음을 달래고 맛있는 음식을 나누며 하루를 보낸다.

매월 첫 주일에 실시하는 월례회 때는 그 달의 생일자를 축하하고 케이크를 나누며 간단한 선물도 선사한다. 또 새로운 가족을 소개하고, 생생한 간증을 듣기도 한다. 월례회에서는 특별순서로 외부 강사, 유관기관 초청강연, 의료지원봉사, 복음성가가수 초청 등 다양한 행사를 통하여 예배의 영역을 넓히고 즐거움과 유익을 누리고 있다.

매월 셋째주는 부장회의를 통하여 통선위 현안문제들을 깊이 있게 토의하는 모임을 갖고 각종 문제도 함께 토의하여 해결 방안을 마련하고 있다.

매주 주일은 통선위 목자와 직분자들이 주일 오전 10시 30분 부터 30분간 사전 기도모임을 우선 가진 이후, 탈북 성도들과 함께 3부 대예배를 드리고, 12시 10분경부터 통일선교위원회 전체모임을 공식적으로 갖게 된다.

[표 4] 2012년 통일선교위원회 운영 일정표

월	일	주요행사 내용	주관부서
1월	1	월례회(2012년 신년인사)	위원장, 운영부
	22	하나원 방문, 구정 행사	전도부, 운영부
	8/15/22/29	신입위원 교육	교육부
2월	5	월례회(신입위원 비전 나눔)	
	26	하나원 방문	
	26	새가족 교사 워크샵	
	28	하나원 교육생 도시문화생활 체험행사	전도부
3월	4	월례회(장학증서 수여식)	지원부
		춘계 통일선교학교 특강	교육부(미정)
		리더반 전반기 교육시작	양육부
	25	하나원 방문	전도부
4월	1	월례회(특강)	교육부
		하나원 전도팀 워크샵	전도부
	22	하나원 방문(부활절 지원)	전도부
5월	5~6	봄 수양회(1박2일)	운영부
	27	하나원 방문	전도부

6월	6	월례회(통일비전기도회)	운영부
		목자워크숍(통선사역의 소통문제)	양육부
		청년 리트릿	청년팀, 지원부
		나라와 민족을 위한 기도회	교육부, 찬양팀
	24	하나원 방문	전도부
7월	1	월례회(특강)	교육부
	7~8	선교비전 여행	청년팀, 지원부
	22	하나원방문	전도부
8월	1	월례회(청년의 비전)	청년팀
	28	하나원 방문	전도부
9월	11	월례회(특강)	교육부
		하계 통일선교학교	교육부(미정)
		청년 리트릿	청년팀, 지원부
	23	하나원 방문	전도부
	30	추석행사	운영부
10월	7	교회 창립행사	교회
	13~14	가을 수양회(1박2일)	청년팀, 지원부
	28	하나원 방문	전도부
11월	4	월례회(통일선교 10년사 발간행사)	교육부
	18	워크숍(2013년 운영계획)	운영부
	24	여명학교 후원의밤	청년팀, 지원부
	25	하나원 방문	전도부
12월	2	월례회(감사축제)	운영부
	25	하나원 방문	전도부

2.2. 탈북민 전도

전도부장 민홍식 집사

통일선교위원회 전도부는 2011년부터 신설된 부서이다. 전도부의 주요 사역은 하나원을 방문하여 복음을 전하는 것인데 하나원 방문은 2004년에 처음 시작되어 약 2개월에 한 번 정도 방문을 이어갔다. 공식적으로는 2006년 하반기부터 매월 하나원을 방문하였다. 그 당시 하나원 방문은 양육부에서 담당하였으나 매년 40여명의 탈북민들이 교회에 등록하면서 양육업무가 과중하게 되어 하나원 방문과 교회로의 안내를 전담할 부서가 필요하게 되었다.

따라서 전도부는 크게 두 가지 활동을 목표로 하고 있다. 첫째는 매월 여성탈북민교육기관인 하나원을 방문하여 복음을 전하는 것이다. 둘째는 서울 및 서울 근교에 배정된 탈북민들을 남서울은혜교회로 안내하는 것이다. 두 가지 업무를 다음과 같이 구체적으로 살펴본다.

1. 하나원 방문

여성탈북민교육기관에서는 종교 활동을 인정하고 있는데 개신교, 천주교, 불교가 주축을 이루고 있고 기독교에 참여하여 주일예배에 참석하는 교육생들이 가장 많다. 탈북여성교육생들은 교육기관 내부교회에서 주일예배를 드리고 난 이후 남서울은혜교회 교인들이 복음을 전하거나 대한민국에 정착하는데 따른 여러 궁금증들을 복음과 관련하여 조언해 주는 역할을 한다. 주일에 정기적으로 하나원을 방문하는 교회가 여럿 있으며, 이들 교회는 역할 분담과 관련 정보를 서로 공유하고 있다.

하나원교육생들은 어린 자녀들과 함께 탈북한 주부들도 많기 때문에 자녀들을 대상으로 한 주일학교도 필요하게 되었다. 기독교를 믿는 교육생들이 많은 관계로 개신교에는 주일학교를 별도로 운영할 수 있도록 배려해 주었다. 위에 언급한 교회에서는 여성교육생들뿐 아니라 초등학생 나이의 교육생 자녀들을 대상으로 주일학교를 운영하고 있다.

우리 교회에서는 하나원 방문에 이미용팀 동행하여 모든 교육생들을 대상으로 미용봉사를 하고 있다. 교육생들이 모두 여성이다 보니 외모에 관심이 많아 이미용팀은 항상 바쁘게 움직인다. 한주일에 방문하는 우리 교회 참석인원은 약 20명 이내의 수준을 유지하고 있다. 우리 교회에서 참석자는 탈북민에 대한 인식을 고취하기 위해 가능하면 전도폭발 훈련을 받은 성도를 우선한다.

보통 교육생들은 목숨을 걸고 입국한 한국에 대해 기대를 잔뜩 하면서도 새로운 인생을 펼쳐 가야할 두려움도 동시에 갖고 있는 편이다. 교육생들의 탈북 상황에 따라 신앙의 성숙도에 큰 차이가 있다. 북한에서 바로 탈북한 경우처럼 복음을 처음 접하는 교육생이 있는 반면, 중국에서 오래 거주하면서 구원의 확신을 갖고 교회를 출석했던 교육생도 있다. 그렇기 때문에 바로 복음을 전하기보다 탈북 과정을 서로 나누고 그 과정에서 하나님의 섭리가 있었음을 공감하며 감사하는 나눔의 시간을 갖도록 한다.

일부 열심인 교육생들에게는 본격적으로 복음을 증거하게 된다. 그들은 매주 주일예배를 드리거나 매일 새벽기도를 해왔기 때문에 성경과 하나님에 대해 낯설지 않다. 다만 탈북 이후 계속된 긴장과 교육이 교육생들에게 자칫 피로감을 줄 수 있기 때문에 전도폭발의 교재를 그대로 전달하기보다 교육생들의 신앙 성숙도를 감안하여 복음 제시의 수준을 조절하고 있다.

하나원 수료를 앞둔 교육생들에게는 주로 대한민국 정착에 관련되어 교회 소개와 배정된 지역 정보를 나누게 된다. 2012년에는 서울 지역보다는 지방에 배정되는 인원이 훨씬 많아 각지의 특성을 소개하고 정착 초기에 가능하면 교회의 도움을 받을 수 있도록 조언하고 있다.

2. 남서울은혜교회로의 안내

전도부의 두 번째 업무는 서울 지역에 배정된 하나원 수료자들을 대상으로 우리 교회에 정착시키는 활동이다. 이 활동은 하나원과 긴밀한 협조관계 속에서 진행된다. 하나원 방문활동을 통해 서울 지역에 배정될 수료를 앞둔 교육생들에게 우리 교회를 안내하지만 실제 하나원을 수료하고 우리 교회를 스스로 찾아오는 사람은 거의 없고 추천한 교육생들을 대상으로 우리 교회 정착을 돕고 있다.

교육을 수료한 사람은 적십자사의 자원봉사자와 함께 배정된 임대아파트에 도착한다. 미리 알고 있는 선배 탈북민들이나 친척들이 있는 경우는 그나마 정착하는데 도움을 얻을 수 있지만, 아무런 연고도 없는 탈북민의 경우는 대한민국 생활을 처음 시작하는데 정말 막막함을 느낄 수밖에 없다. 그들에게 심리적 안정감을 주고 초기 정착에 필요한 간단한 생필품들을 제공해주며 교회공동체를 통해 한국에 적응해 갈 수 있도록 도와주는 역할은 너무도 중요하고 필요한 일이다.

우리 교회 통일선교위원회에 연간 새가족으로 등록하는 탈북민들은 대략 40여명 정도인데 그중 10여명 정도는 하나원을 수료하고 바로 우리 교회와 연결된 경우이다. 그들은 우리 교회를 통해서 처음 한국 생활을 시작한 셈이어서 통선위 구성원들에게는 남다른 관심을 가질 수밖에 없는데 유감스럽게도 장기적으로 교회에 정착하는 경우는 극히 드물다. 그것은 탈북민들이 일반적으로 겪는 시행착오를 반복하기 때문이다. 즉 직업 선택, 결혼, 거주 안정, 북한에 있는 가족 재회 문제 등에서 교회나 신앙을 우선시하지 않거나 무시하는 경향이 강하다.

그럼에도 고아와 과부를 돌보셨던 예수님의 사역을 본받아 통선위 전도부에서는 혈혈단신 탈북한 탈북민들의 교회 정착을 위해 정서적·물질적인 도움을 지속하고 있다.

3. 도시문화 생활 체험 행사

전도부가 담당하는 기타 활동으로는 1년에 한번 진행하는 도시문화 생활 체험행사와 하나원교회 목회자를 초청하여 특강을 개최하는 것이 있다.

우리 교회가 하나원을 공식적으로 방문하기 시작한 이후 한정협과의 협조 하에 하나원 교육생들을 상대로 매년 도시문화 체험행사를 진행해 왔다. 도시체험행사는 탈북민에게 도시문화를 체험하도록 지원하는 프로그램이다. 수년간 이 프로그램을 진행하면서 여러 문제점이 지적되었다. 초기에는 교인들 가정에서 숙박도 하였으나, 주거환경이 아파트 생활이어서 탈북민들에게 숙식을 제공하는 일이 쉽지 않아 신청자 모집에 큰 어려움이 있었다. 또한 일부 탈북민들은 숙식을 제공한 교인의 동의 없이 중국 등에 국제전화를 하거나 선물을 사줄 것을 요청하는 등의 일탈 행동으로 서로에게 상처를 주는 경우도 발생되었다.

홈스테이는 탈북민들이 하나원 교육 기간 중 한 번씩 하게 되는 프로그램으로서 여러 종교 기관이 나누어 진행하였는데 우리 교회가 경험한 문제점들이 다른 기관에서도 공통적으로 발생하여, 2011년부터는 하루 일정의 도시문화 생활 체험행사로 대체되었다.

도시문화 생활 체험행사는 홈스테이행사를 단축하여 하루 일정으로 진행된다. 사전에 행사에 참여하기로 신청한 교인들은 교육생들과 함께 식사와 시내 관광을 하게 된다. 시내 관광은 자유롭게 정할 수 있으나 대중교통 이용하는 법, 관공서 이용하는 법, 금융기관 활용 등을 포함하여 처음으로 서울 시내를 보는 탈북민들에게 중요한 체험을 제공하게 된다. 이 행사를 마무리하면서 많은 탈북민들이 소감을 말할 때 참석자들은 남북 모두 눈물을 흘리며 감격할 만큼 감동적인 시간을 갖게 된다.

2.3. 탈북 성도 지원

지원부장 양영수 집사

탈북 성도 지원부는 탈북 성도들의 생활 정착, 의료, 교육, 법률 등의 금전적 지원을 포함한 각종 지원을 담당하고 있다. 그동안 수행해 온 내역을 중심으로 아래와 같이 요약하여 소개하고자 한다.

1. 장학금 지원

장학금 지원은 탈북 청소년, 대학생들이 학교생활을 원만히 하도록 돕고, 더 나아가 인재 양성의 차원에서 시행되고 있다.

○ 하나원 수료 후 10년 이내의 탈북 성도들이 국내 중·고등학교, 대학, 대학원, 1년 이상의 직업학교에 재학 중인 경우 소정의 장학금은 학기별로 지원한다. 통선위 장학금 지원은 [표 5]와 같은 지급규정에 따라 운영하고 있다.

○ 실제 탈북 성도들은 국가 및 학교에서 등록금에 해당하는 지원을 받고 있기 때문에 교회 지원금은 교재 구입 및 생활비로 활용한다.
○ 대외 장학금을 우선적으로 연계하여 지원하고 있다.
  예) 2011년 미래나눔재단 (녹십자기업 출연) 후원 3명,
  하나로장학재단 후원 2명

[표 5] 통일선교위원회 장학금 지급규정

1. (목적) 이 규정은 통일선교위원회(이하 통선위)에 등록된 탈북성도들에 대한 장학금 지급에 관한 사항을 정함을 목적으로 한다.
2. (지급대상) 통선위에서 지급하는 장학금을 받을 수 있는 대상은 다음과 같다.
   ① 통선위에 등록된 탈북성도로 국내 중학교, 고등학교, 대학, 대학원에 등록한 학생
   ② 정규대학이 아니더라도 1년 이상 교육기간을 갖는 직업학교에 등록한 학생
   ③ ①항 또는 ②항에 해당되면서 주일성수를 성실히 지키는 탈북성도
   ④ 하나원 퇴소 10년 이내인 탈북성도
   ⑤ 기타 부장단 회의에서 지급이 필요하다고 인정된 탈북성도
3. (장학금 지급회수) 재학 중이라 하더라도 대학은 10회(5년), 대학원은 4회(2년)까지만 지급한다.
4. (장학금액) 중고등학생인 경우 학기당 30만원, 대학, 직업학교인 경우는 학기당 60만원, 대학원은 학기당 100만 원으로 한다.
5. (지급시기) 매학기 전월(2월 및 8월) 부장단 회의에서 대상자를 선정한 뒤 3월 및 8월중에 지급한다.
6. (장학금 지급 중지 및 취소) 선정된 대상자가 휴학 또는 자퇴하거나 장학금 지급의 목적을 달성할 가능성이 없다고 인정되는 경우는 지급을 중단한다.
7. (중복지급금지) 통선위와 별도로 남서울은혜교회에서 장학금을 지급받는 경우는 지급대상에서 제외한다.
8. (제출서류) 장학금 지급 대상자는 매학기 재학증명서를 통선위에 제출해야 한다.

2. 생활정착 지원

남서울은혜교회 사회봉사위원회에서 담당하는 저소득층 지원금을 연계하여 교회 차원에서 지원을 받도록 하고 있다.
- ○ 만 65세 이상 저소득 노인 지원 월 10만원씩 지원(통선위 소속 노인 8명 해당)
- ○ 통선위에서는 매월 3만원씩 교통카드 충전금을 지원하고 있다.
- ○ 하나원 수료 후 남서울은혜교회에 처음 출석하는 탈북 성도들에게 전도부와 연계하여 1인당 30만원 범위에서 초기 정착을 지원한다.
- ○ 교회에서 중고가구나 가전제품을 수거하여 하나원 수료자에게 무상으로 지원하고 있다.

3. 의료 지원

교회 내 의료봉사위원회의 협조와 헌신적인 의료인의 도움으로 치과 및 한방진료를 무상 또는 염가로 치료받도록 연결하고 있다. 탈북민들은 초기 교회에 출석하여 몸이 아픈 경우가 많아 병원 입원이 잦다.

일정 기간 건강보험 급여1종의 혜택을 받아 입원비 총 금액의 대부분을 건강보험공단의 지원을 받으나 그 이후에는 개인별로 감당해야 한다.

통선위에서 지원하는 지원금은 한약 혹은 기타 건강을 회복하기 위한 약값 지원의 성격이 강하다. 통선위에서 유일하게 직접 현금 지원하는 경우는 장학금 지원과 병원 지원금이다.

○ 병원에 입원한 탈북성도를 위해 약간의 지원비가 현금으로 지급된다. 병원에 입원할 경우 담당목사 및 목자 심방을 통해 지원하고 있다.

4. 취업지원

'함께하는재단'에 설치된 탈북민취업지원센터와 연계하여 직업 훈련 및 취업 알선을 진행하고 있다. 매 기수마다 한 달 과정으로 취업 지원 교육이 진행되고 있으며 2012년 말 기준으로 10기 이상 수료되었다. 일자리는 많으나 단순 노무직에 대한 선호도가 낮은 편이다.

5. 법률 지원

교회 내 법조인들의 도움으로 탈북 성도들이 정착 과정에서 겪는 법률적 어려움을 해소시키고 있다. 교회에서 운영하는 법률 상담이 있지만, 탈북 성도 대부분은 통선위 내의 법률 전문가 위원들의 도움을 받고 상담하는 경향이 많다.

6. 청소년 상담

부모 등 가족이 없이 탈북한 청소년들(무연고 탈북 청소년)은 대안학교 기숙사에서 생활하고 있는데, 이들이 갖고 있는 학업 문제, 진로 문제, 북에 있는 가족 문제 등에 관한 많은 고민들을 상담함으로써 정신적 안정감을 유도하고 있다.

2.4. 탈북 성도 양육

양육부장 김신현 집사

"하늘에 있는 것이나 땅에 있는 것이 다 그리스도 안에서 통일되게 하려 하심이라" (엡 1:10)

2001년 3월, 3명의 탈북 동포의 남한 정착을 돕고 그들에게 성경 말씀을 전하며 남서울은혜교회 북한선교위원회가 발족되었는데 이것이 현 통일선교위원회 사역의 시작이다. 이 사역은 비록 아무리 다른 체제 속에서 살아서 생각과 가치관이 다르더라도 탈북 동포들이 예수님을 만나면 하나님의 자녀가 될 수 있다는 믿음에서 출발하였다. 본 내용은 통일선교위원회에서 10년을 돌아보며 탈북 동포의 신앙 양육의 내용, 방법, 변천 등을 정리한 것이다. 부서 명칭의 변경, 사역자의 부임 및 교재의 변경을 감안하여 5기로 세분화하여 정리하였다.

1. 제1기(2001년): 북한선교위원회

이미 앞에서도 언급한바와 같이 초창기 북한선교사역은 탈북 동포를 접한 경험이 전혀 없었기 때문에 이들을 알아가는 데에 촛점을 맞추어 소그룹 형태로 모임을 가졌고, 한동안 탈북 과정, 북한에서의 생활 등의 개인 체험을 나누는 한편, 잠언을 한 장씩 읽어가며 말씀에 비추어 서로의 사고방식과 생활 태도를 이해하려는 노력을 기울였다. 당시에는 체계적인 프로그램을 세울 수 없어 우리보다 먼저 탈북 동포를 돕는 활동을 시작한 교회의 담당자를 만나거나 세미나 등에 참석하면서 어떤 방향과 프로그램을 가지는 것이 좋은지 모색하였다.

2. 제2기(2002년): 해외선교위원회 내의 통일선교부

2002년 2월 통일 사역을 위한 전담사역자로 임용석 목사가 부임함으로써 탈북 동포에 대한 사역이 본격화 되어 통일선교부가 발족되었으며, 탈북 동포의 수가 30명에 이르자 연령대별로 장년층, 중년층, 중간층 및 청년층으로 나누어 분반별 성경공부를 시작하였다. 남한 성도 일인당 한명 혹은 2~3명의 탈북 성도와 조편성하여 성경공부를 진행하였다.

잠언 성경공부 이후 마가복음을 공부하였고, 경건 훈련, 새신자 교육 등이 이루어졌다. 탈북 동포의 교회 출석이 계속되어도 변화는 더디었지만 달라지는 모습들이 보이기 시작했다. 대학에 진학하거나 직장을 얻어 경제적인 어려움을 극복하는 과정에서 하나님의 인도하심을 경험한 자들이 먼저 변하기 시작했다. 그들의 얼굴 표정이 밝아지고 부정적인 태도가 긍정적으로 바뀌어 갔다.

3. 제3기(2003년~2006년): 통일선교위원회

2003년 2월 교회 내에서 사역의 중요성이 부각되면서 기존의 통일선교부가 산하에 지원부, 교육부, 양육부의 3개 부서를 거느리는 통일선교위원회로 확대 개편되었다.

2002년부터 시작한 분반의 틀이 2003년에 들어서면서 더욱 본격화 되었다. 기존의 탈북 동포들은 믿음, 소망, 사랑 및 화평의 4개조로 나누어 매주일 낮 시간을 이용하여 규칙적인 공과공부를 시작하였다. 새로이 출석하는 탈북 동포들에 대하여는 새신자 양육반을 별도로 편성하여 16주 동안 집중적인 신앙 양육을 실시하게 되었다. 또한 평소 1:1 교제의 필요성을 절감하고 있었던 터에 남한 위원들의 수도 증가함에 따라 분반별 성경공부와는 별도로 1:1 교제를 위한 조를 편성하여 계속적인 밀착 양육을 시도하였으나 당초에 의도한 만큼의 성과는 거두지 못하였다.

통일선교위원회의 전신인 통일선교부가 2002년 12월에 작성한 '2003년 사업계획서'에 의하면 '탈북 동포(당시 자유이주민으로 호칭)의 선교'를 제1차적 사업으로 삼았고, 그 핵심은 '신앙훈련의 의지와 자세가 갖추어진 소수에 대한 집중적인 신앙교육과 그에 따른 리더의 양육'에 있었다. 그만큼 통일선교위원회는 탈북 동포에 대한 신앙 양육에 역점을 두었고, 이를 위해서는 무엇보다도 북한이라는 특수한 상황을 염두에 둔 새로운 성경공부용 교재의 개발이 시급하였다. 이러한 목적에서 「하나님의 가족」이라는 교재가 발간되었다. 탈북 동포의 신앙 양육과 남한 정착 및 가정과 사회생활에 필수적이라고 여겨지는 주제를 선정한 다음, 핵심 내용, 제목 및 필진이 아래와 같이 선정되었다.

〈진리가 너희를 자유케 하리라〉
제1과 도적과 선한 목자 (주체사상의 허구성) … 곽종훈 집사
제2과 하나님의 아들이신 예수 그리스도 … 임용석 목사
제3과 창조주 하나님 (진화론은 과연 과학적 진리인가?) … 정일남 장로
제4과 보혜사 성령님 … 민경식 집사
제5과 진리와 자유 … 유 욱 집사

〈종신토록 수고하여라〉
제6과 죄악의 뿌리 (가시덤불과 엉겅퀴) … 곽종훈 집사
제7과 일의 성경적 의미 (직업선택의 자유) … 조영아 성도
제8과 하나님의 우선순위를 찾아서 … 정연희 집사

〈아내와 합하여 그 둘이 한 육체가 될지니〉
제9과 거룩한 사랑의 공동체로서의 가정 … 곽종훈 집사
제10과 그리스도가 교회를 사랑하심 같이 … 박수일 집사
제11과 가정예배 … 이성의 집사
제12과 믿음을 계대하여 (태의 상급인 자녀에 대한 교육) … 곽종훈 집사

〈교회생활〉
제13과 하나님 나라로서의 교회 … 최명자 권사
제14과 말씀과 기도 … 주영채 집사
제15과 선한 사마리아인 … 우종욱 집사
제16과 내 증인이 되리라 (북한의 복음화) … 정윤주 성도

집필자들의 원고 제출과 수정을 거치고 각계 의견을 수렴하여 성경 본문을 쉬운성경(아가페)으로 바꾸고, 각 과별 기도문을 삽입하고, 예화도 삽입하여 마침내 2004년 1월 20일 초판 500부가 인쇄되었다. 이후 탈북 동포를 위한 성경공부 교재로 사용하였다.

신입 탈북 새신자를 위한 특별 양육 프로그램도 개발, 실시하였다. 이 프로그램의 내용은 ① 탈북동포 1인에 대하여 연령이나 성별 등을 참작하여 가장 적절하다고 보이는 양육부원 1인으로 하여금 15주간 신앙교육을 실시하고, ② 새신자 양육을 시작한 지 7-8 주가 경과한 시점에서 일반 새신자반에 출석하여 우리 교회 전반에 관한 소개를 받으며, ③ 그 신상을 파악하여 해당 탈북 동포에 대한 개인별 기록카드를 작성하고, ④ 교육 내용으로는 기존 전도폭발훈련의 핵심 내용을 전함과 아울러 기독교 가정관을 확립시키고, 노동에 대하여 새로운 가치관을 확립하며, 자유에 따른 책임감을 심어주는 것 등이고, ⑤ 새신자반을 수료한 후에 일반 성경공부반에 편입시키는 것을 주요 골격으로 삼았다.

그러나 우선 탈북 동포를 상대로 사용할 마땅한 교재가 없었고, 다른 교회에서 실시하고 있는 정기적인 재정적 지원을 실시하지 아니한 탓에 새신자 교육을 시작한지 3-4주 만에 탈북 동포가 출석하지 않는 사례가 속출하여 적지 않은 좌절감을 맛보기도 하였다.

아무튼 성경공부를 위한 교재와 새신자 교육 프로그램이 마련됨으로써 2004년부터는 보다 집중적인 신앙교육을 실시할 수 있게 되었다. 그 결과 적지 않은 탈북 동포들이 우리 교회를 찾아 예수 그리스도를 개인적으로 영접하는 신앙적 기쁨을 체험하는가 하면, 정신적으로도 상당한 안정을 찾으며 남한 사회에 정착하여 가는 것을 지켜볼 수 있었다.

2006년에 들어 점차 통일선교위원회에 참석 성도 수가 120여명이 이르게 되고 이 중 2/3가 탈북 동포로 됨에 따라 청년들은 장년에서 분리하여 독자적인 성경공부를 진행하기 시작하였다.

4. 제4기(2007년~2008년)

2007년 전담사역자로 임용석 목사가 떠나고 정반석 목사가 부임하면서 그 동안 신앙 양육의 시행착오에 대한 검토가 있었다. 한국에 들어온 탈북 동포의 수가 2007년에 15,000여명에 이르자 이들의 신앙 정착과 양육을 위한 기도와 대안의 모색이 함께 이루어졌다. 우선 탈북 동포와 함께 조화롭게 어울리는 교회가 되기 위하여 탈북 동포가 불편함이나 쑥스러움을 느끼지 않도록 배려하며 서로 충분한 사귐을 나누면서 영적 분별력을 가지고 말씀 양육을 하려고 노력하였다.

새신자의 경우엔 구원의 확신과 하나님의 존재에 대한 설명과 나눔을 갖기 위하여 북한식 말로 쓰여진 사영리 교재를 활용하여 2~3주에 걸친 교육이 있었다. 그리고 「지상락원」이라는 책자를 통해서 북한의 우상숭배와 유물론, 주체사상에 대해서 성경적, 역사적으로 대조하고 동시에 삼위 하나님의 한 분이신 예수 그리스도의 역사적 사실과 구원 사역을 인식하도록 하였다. 이 과정에서 탈북 동포들의 반응은 하나님이 존재하시기 때문에 그들이 살아서 여기까지 왔다는 것을 증언하고 예수 그리스도가 하나님의 아들이시며 기독교의 중심이라는 것을 믿음으로 영접하였다.

새신자 교육을 마친 장년은 16주 과정의 양육반 성경공부로 이어졌다. 교재로는 탈북 동포들이 중국의 쉼터나 제3국에서 처음 신앙을 접했을 때 주로 사용하였던 박원섭 목사의 「새신자 가이드」를 사용하였는데 이 교재는 신앙이 깊지 못하고 체계적이지 못한 탈북 동포들에게 도움이 되었다.

교회의 입교 과정을 거쳐 새신자반과 양육반을 마친 탈북 동포는 각 목장에 편입되어 말씀을 깊이 나누고 삶에 적용하는 성경공부로 이어졌다. 목장에서의 성경공부 교재로는 배창돈 목사의 「제자양육을 위한 순모임 교재 1, 2」(예루살렘출판)을 선정하여 사용하였다.

탈북 청년들은 별도로 성경공부를 진행하였는데 예수전도단의 성경공부시리즈로 나온 「하나님께 나아가는 삶」과 「풍성한 관계 안에 세워지는 삶」을 교재로 사용하며 의견을 주고받고, 삶을 나누는 형식으로 진행하였다.

통일선교위원회의 탈북 동포와 함께하는 성경공부는 다음과 같은 목표를 설정하여 실시되었다.

- 탈북 동포들의 대부분은 주일 외에 성경공부를 할 기회가 적거나 쉽지 않음으로 반복적으로 기본적 신앙이 무엇인지 꼭 강조한다. 예를 들면 하나님의 주권과 섭리, 예수 그리스도의 구원의 은총과 속죄, 성령의 역사와 능력, 말씀과 기도를 가까이 하는 것 등을 강조한다.
- 남북 성도가 함께하며 말씀과 교제를 나누는 작은 공동체로서 구성원들이 되도록 한다.
- 믿음의 초보 과정을 지나 장성한 그리스도인으로 이웃과 교회를 위해 전도하거나 봉사하며 주님께 더 헌신하도록 섬긴다.
- 탈북 성도가 교회의 구역 모임과 목장과 같은 공동체와 연합되어 가는 과정 목표를 세운다. 교회 등록 후 일정한 기간이 지나

인도자와 교역자의 지도 아래 교회 전체 목장에 편입되도록 한다. 그래서 탈북 성도들이 교회 전체의 목장과 통합사역에 순응되도록 한다.

5. 제5기(2009년 ~ 2010년)

2009년 김영식 목사가 전담사역자로 부임하면서 신앙 양육에 대한 또 한 번의 검토가 있었다. 보다 조직적인 신앙 양육의 중요성을 인식하여 양육부 사역을 5개 사역으로 체계화하였다.

첫째는 바나바 사역으로 처음 통일선교위원회를 찾은 새신자에게 2주 동안 교회와 통선위를 소개하였다.

둘째는 바나바 교육을 마친 탈북 성도에게 영성의 기초를 닦는 새가족 양육을 6주간 실시하여 믿음 생활과 교회 정착의 동기를 부여하도록 하였다. 교재로는 북한사역목회자협의회에서 발행한 「탈북민 새가족 양육 교재」를 사용하였다.

셋째는 새가족 교육 이수자들을 통선위 자체 목장에 편성하여 주일 오후 남북한 성도들이 함께 말씀과 삶을 나누는 목장 공과 공부를 하였다. 2010년 당시에 장년부 총 10개 목장(남자 장년 4개 목장, 여자 장년 4개 목장, 노인 샬롬조 2개 목장) 과 청년부 5개 목장으로 편성되었다.

넷째는 탈북 성도 중에서 믿음이 깊어 가는 분을 선발(자원 또는 권면)하여 전·후반기 각각 13주씩 총 26주 동안 말씀을 체계적으로 공부하는 제자반 교육을 편성하였는데, 2009년 11월에 제1기생 교육을 시작하였다. 마지막으로 이러한 과정에서 지도목사의 목회심방을 수시로 지원하는 사역을 수행하였다.

목장의 공과 공부 교재로는 2009년부터 교회 일반 목장에서 사용하는 성경공부 교재를 통일선교위원회 목장에서도 사용하게 되었다. 그러나 신앙이 완전히 자리 잡은 탈북 성도에게는 별문제가 없었으나 아직 믿음이 자라지 않은 성도나 새가족에게는 일반 목장의 성경공부 교재가 이해하기엔 어려움이 있었다. 그리하여 2010년 하반기부터 특정 교재를 다루기보다는 주일 담임목사의 설교 말씀을 통선위 지도목사가 정리하여 다음 주 목장의 공부 및 토론 주제로 제시하여 목장에서 나누는 방식으로 바뀌었다.

탈북 성도들의 신앙이 더욱 깊어 가며 몇 분은 목장의 목자와 부목자로 세워졌다. 제자반 교육 수료자들이 하나님을 사랑하고 이웃을 사랑하는 삶으로 믿음이 성장하는 열매를 맺게 되었다. 이분들이 탈북 성도들의 영적 지도자로서 또한 향후 통일시대의 북한 전도역군으로 세워져 하나님께서 필요로 하시는 때에 귀하게 사용될 것이라고 믿는다.

우리 교회가 통일선교를 시작한지 벌써 12년이 되었다. 탈북 동포에 대한 신앙 양육이 교회와 목회자 및 섬기는 분들의 열정과 수고와 헌신으로 변화와 발전을 거듭해왔고 이미 통일선교위원회 안에 작은 통일을 경험하고 있다.

기존의 목장과 제자반에서의 신앙 양육은 더욱 깊어지고 있다. 그러나 남한으로 계속하여 유입되며 증가하고 있는 새신자에 대한 신앙 양육의 방향은 시대의 변화와 함께 더욱 고민해야할 내용으로 남아 있다. 많은 탈북 동포들이 북한에 있을 때 받았던 과도한 주입식 사상 교육의 후유증으로 성경공부에 대한 거부감을 표현하였고, 어떤 사람은 북한의 김일성 주체사상의 내용이 성경말씀과 유사성으로 인해 하나님과 성경말씀에 대한 믿음으로 발전하는데 장애를 수반하기도 하였다. 이런 이유로 새신자에 대한 성경말씀 공부가 소홀했던 적도 있었다. 탈북 동포들이 물질적 지원이나 생활조건의 개선, 질병 치료, 직업 알선 등에 목말라 하는 것이 사실이다. 그러나 무엇보다도 하나님의 사랑의 손길과 그리스도의 생명의 말씀만이 탈북 동포들의 영적 상처를 치유할 수 있고, 그리스도를 닮은 진실한 사랑의 사역만이 저들에게 평안과 신뢰를 줄 수 있다는 것 또한 사실이다.

여기에 신앙 양육을 담당하는 목자나 교사들이 더욱 기도로 준비하는 것이 필요하다 하겠다. 우선 성경본문에 대한 깊은 이해와 적용적 묵상으로 주일 성경공부를 준비하는 것이 필요하다. 목원이나 맡고 있는 교육생을 위한 기도를 쉬지 않으며 주중에도 정기적인 연락과 만남을 갖도록 노력하는 것이 필요하다. 그들이 가정이나 직장, 사회생활에서 겪는 일들을 통선위 내의 누군가와 공유하고 잘못된 판단을 하는 경우에는 교정을 해줄 필요가 있다. 양육 담당자는 자신의 지식과 경험이 절대적인 것으로 여기지 말고 다른 담당자와 의견을 교환하며 지혜를 모으는 것이 필요하다.

문화와 사고방식이 다른 환경에서 자란 남북의 성도가 모여 함께 예배드리는 통일선교위원회는 신앙의 경험과 깊이도 달라 가끔은 서로의 의견이 충돌하기도 한다. 그러나 하나님을 사랑하는 자가 모인 곳, 그래서 하나님의 뜻대로 부르심을 입은 자들이 모인 이곳은 모든 것이 합력하여 선을 이루고 있는 현장임을 매일 매일 감사드린다.

2.5. 통일 교육 사역

교육부장 백대우 집사

2012년 9월 기준으로 남한에 입국한 탈북민 누계가 24,200여명이지만, 12년 전인 2000년에는 일 년 동안 남한에 입국한 탈북민이 312명으로 지금보다 매우 적은 인원이라고 볼 수 있다. 하지만 철의 장막인 북한에서 이탈주민이 전년도인 1999년의 148명에 비해 2.1배 증가하여 당시에는 급격한 증가로 판단하게 되었으며, 이들을 위해 교회가 별도의 선교 프로그램이 필요함을 느낄 수 있는 시기였다. 실제로 남서울은혜교회에서도 2001년 초에 3명의 탈북성도를 시작으로 7가정 15명이 교회에 출석하였으며, 2002년에는 17가정 33명으로 늘어나면서, 교회가 이들을 탈북 성도로서 인정하고 성경공부를 통한 교제를 본격적으로 시작하는 계기가 되었다.

초기 1차 년도에는 교회도 탈북 성도들도 모두가 교회 안에서의 상호 교류가 전무한 상태였기 때문에 성경공부를 비롯해 남한 사회 정착을 위한 별도의 교육 프로그램 없이 단순한 형태의 교제를 시작하였다. 다만, 서로를 이해하기 위한 과정으로 소그룹 단위로 잠언을 읽고 북한 생활, 탈북 과정 등에 대해 서로 들어보는 정도의 시간들이었다. 당시에는 탈북 성도들을 위한 별도의 교육 프로그램도 없었지만, 탈북 성도의 수가 소수에 불과하기 때문에 가능한 소그룹단위의 교육과정(?)이었다.

이후 2차년도인 2002년부터 통일선교부(당시 통선위의 명칭)는 실무차원에서 교육부를 비롯하여 총 3개 부서의 조직적인 모양새를 갖추기 시작하였다. 당시 고등학교 교장으로 계신 박상국 집사(현 장로)께서 교육부장을 맡으시면서, 탈북 성도(청소년 포함) 및 전교인을 대상으로 구체적인 교육 프로그램을 개발하게 되었으며, 더불어 탈북 청소년을 위한 대안학교의 필요성 등도 구체적으로 발제되었다. 다음의 내용은 통선위 초기 5년간 개발되고 운영되어 온 교육관련 프로그램에 대한 이야기다.

1. 2000년대 전반기 교육 프로그램(2001년~2005년)

탈북 성도를 위한 성경공부 프로그램은 교육부가 맡지 않고, 처음부터 양육부에서 맡았기 때문에 본 내용에서는 다루지 않았다. 그 이유는 탈북 성도의 신앙 양육이 궁극적으로는 성도로서의 기본 자질을 갖추는 가장 중요한 과정으로서, 전문적인 신앙 양육 프로그램을 전담하는 부서가 필요하여 전적으로 양육부가 맡기로 하였으며, 교육부는 그 이외의 나머지 전방위적인 다양한 교육 프로그램을 개발 운영하는 것으로 다음과 같은 역할을 수행하였다.

첫째, **탈북 성도를 위한 특강** 등의 세미나를 주로 하였으며, 나중에는 청장년을 위한 사회적응교육과 직업창업교육, 청소년을 위한 학습

부진 개선교육과 대안교육 등을 점진적으로 개발하고자 하였다. 2004년 당시에는 탈북민들이 가장 크게 관심을 가지고 있던 두 가지가 있는데 그것은 2004년 10월에 미국의회에서 통과된 "북한인권법"에 대한 이해와 직업적응 훈련에 관한 것이어서, 이에 관련된 자체 세미나를 이호택 집사와 외부의 인적자원 교육프로그램 개발회사(DBM)에서 강사를 초빙하여 세미나를 개최하였다. 이러한 탈북 성도를 위한 사회적응 및 직접교육 프로그램 등은 별도의 정착지원센터 설립의 필요성이 제기되는 계기가 되었으며 교회 밖에서도 일반 탈북민을 위한 직업교육 방식으로 확대발전하는 기초를 준비하게 되었다.

둘째, **전교인을 대상으로 통일세미나**를 개최하여 통일에 대한 전교인의 공감대를 갖고자 하였다. 통일에 있어서 가장 큰 장애는 마음의 장벽이다. 이 일을 위해서 교인들이 가질 수 있는 좌 혹은 우로 치우쳐진 생각 혹은 경험들을 교회 안에서 하나로 묶고 신앙으로 승화하기 위해서 매년 4주 혹은 최대 12주 정도의 기간으로 통일선교 특강을 개최했다. 강사로는 기독교인이면서 통일 학자들을 전문강사로 모시어 강의를 진행하였다. 평균 30명 정도 참석하여 밀도 있는 강의가 진행되었다. 교인들의 반응은 강의내용이 충실하고 알찬 내용이었다는 평가가 있었으며, 남과 북의 문제, 통일의 문제를 이해하는데 도움이 되었다는 평가를 받았다. 2004년은 통일선교위원회가 선교위원회로부터 분리된 지 2년차가 되는 해로서 교회 내에서도 선교활동이 크게 홍보되지는 않았으나, 탈북 성도에 대한 교회의 관심과 배려는 통일에 대한 열망과 애정으로 발전하여 선교세미나를 자그마치 3개월(12주) 동안 할 수 있는 계기가 되었다. 다루는 주제도 매우 다양하여, 일반 교인 뿐 아니라 통일선교위원회 내부의 성도들도 이해의 폭을 넓히는데 커다란 계기가 되었다.

이를 계기로 광복절 주일에는 전교인 대상으로 김상헌 장로와 임동원 장관의 통일 특강을 별도로 실시하여 기독교인이 통일을 어떻게 준비할 것인가에 대한 주제로 통일선교 세미나를 개최하여 많은 교인들이 더욱 관심을 갖고 참석하였다. 이렇듯 일반 교인을 대상으로 한 통일선교 세미나는 일반 교인들이 통일선교위원회의 모임에 정기적으로 참석하는 계기로 발전하여 긍정적이며 직접적인 홍보 효과였다고 할 수 있다. 아래는 당시 교육 프로그램 내용의 목차를 제시하여 어떤 내용으로 교육이 진행되었는지를 알리고자 한다.

■ 2004년도 전교인 통일선교 강좌

날짜 : 2004년 3월 7일 ~ 5월 30일(12주, 3개월)
장소 : 밀알학교 216호
시간 : 주일 오후 12:15~1:30(매주일 1시간 15분간 강의)
인원 : 30명
회비 : 2만원(교재 및 다과용)

날짜	강사	주제
3월 7일	이만열	분단극복을 위한 기독교운동의 발자취
3월 14일	김병로	북한사회에 대한 이해
3월 21일	윤덕룡	북한경제와 남한경제 그리고 세계경제
3월 28일	백운기	북한 문화 배우기(1)
4월 4일	이호택	탈출하는 난민, 밀어내는 난국
4월 11일	장혜경	남북간의 양성평등제도와 문화
4월 18일	조영아	탈북민 자기방어제 - 남북한 하나를 위해서
4월 25일	탈북민	북한 문화 배우기(2)
5월 2일	유대열	북한 계급사회에 대한 이해와 기독교 대응
5월 9일	인요한	내가 경험한 북한, 대북지원
5월 16일	김상헌	탈북 난민의 해법은 무엇인가?
5월 23일	탈북민	탈북민들과 대화

■ 2005년도 전교인 통일선교 강좌

날짜 : 2005년 1월 9일~2월 27일(8주, 2개월)
장소 : 밀알학교 310호
시간 : 오후 12:00 ~ 1:30 (매주일 1시간 30분간 강의)
인원 : 30명
회비 : 2만원(교재 및 다과)

날짜	강사	강의제목
1월 9일	조건식(前 통일부 차관, 남서울은혜교회 안수집사)	남북관계의 현황과 전망
1월 16일	임용석(前 남북나눔총무국장, 당시 남서울은혜교회 통일선교위원회 담당)	탈북민들의 기독교 수용과정 연구
1월 23일	윤덕룡(대외경제연구원)	북한 개혁, 개방의 전망- 북한 종합시장 이용실태와 의미
1월 30일	탈북민과의 대화	토론
2월 13일	조영아(연세대 심리학박사, 통일선교위원)	북한 이탈주민과 함께 살아가기
2월 20일	이호택(피난처, 통일선교위원)	탈북 난민과 교회의 통일선교
2월 27일	유 욱(통일선교위원) 우기섭(여명학교 교장)	통일선교위원회 사역보고 및 여명학교 소개

셋째, **문화 프로그램**을 통하여 통선위 소속 남북한 성도가 서로 동화되도록 시간을 만들었다. 서로 다른 이질문화에서 만난 남과 북이 하나가 되는 연습 가운데 하나는 문화체험을 하는 것이다. 그중 하나가 영화를 관람 하는 일이었다. 〈태극기 휘날리며〉, 〈예수 고난〉을 보았다. 또 〈노인경 첼로 연주회〉를 통하여 아름다운 음악의 세계를 이해하고 마음의 아픔을 치료하는데 큰 도움이 되었다.

넷째, **탈북 청소년을 위한 대안학교(여명학교) 설립**을 주관하였다. 남한에 있는 탈북 가정의 부모들이 가장 크게 어려움을 호소하는 것 중의 하나는 자녀들의 교육문제이다. 탈북 성도들의 자녀가 학교에서 낙오되어 괴로워 하는 것을 안타까운 마음으로 지켜볼 수만은 없었다.

학습의 내용과 질에서 도저히 남한 학생들을 따라갈 수 없는 현실의 벽에 탈북 청소년들은 깊은 좌절을 느끼고 있었다. 이 고통은 그들만의 것이 아니라, 장차 이 나라가 짊어질 문제이고 남의 문제가 아닌 우리 모두의 문제이며 아픔으로 다가오자, 통일선교위원회에서 몇몇 집사들이 중심이 되어 탈북 청소년을 위한 대안학교의 설립을 제안하였고, 2004년경 설립을 위한 구체적인 준비를 하여, 그 결실로 23개교회가 연합하여 오늘날의 여명학교를 설립하게 되었다.

2. 2000년대 후반기 교육 프로그램(2006년 ~ 2010년)

2000년대 후반기 교육 프로그램은 주로 전반기 내용을 추진하는 과정에서 시행착오 혹은 미실시로 인한 교육의 사각지대 등을 포착하여 이를 개선하거나 확대 발전하는 과정이었다. 탈북 성도를 위한 교육 프로그램, 전교인을 위한 통일세미나 등은 확대·발전하는 과정으로 운영하였으며, 문화 프로그램은 매월 월례회 형태로 주기적인 운영으로 프로그램을 정례화 하였고, 새롭게 시작된 프로그램으로는 통일선교위원회에 새로 등록한 아랫동네(남한) 교인들을 대상으로 한 소위 신입위원 교육 프로그램의 개발과 운영이었다.

첫째, **탈북 성도를 위한 교육**으로 청장년을 위한 사회적응교육을 통해 취업 및 직장윤리, 가족과 부부 관계, 자산 관리, 생활 법률 및 기타 생활 훈련을 위한 관계전문가 초빙 강의를 중심으로 월례 행사로 추진하여 연간 4회 이상 진행하였으며, 더불어 영화 관람 및 문화 행사 위주의 참여 형태의 교육을 추가로 확대하여 실질적인 사회 체험이 되도록 운영하였다. 청장년을 위한 또 다른 교육 프로그램으로는 직업 및 창업 교육을 2000년대 전반기에 준비한 결과, 드디어 2006년에 교회 밖에서 별도의 **정착지원센터**를 설립하게 되었으며 고용노동부의 지원을 통해 탈북 성도 뿐 아니라 취업을 희망하는 일반 탈북민이라면 누구든지 신청하도록 하여 서류심사를 통해 취업 전 단계에서 직장 정착을 성공적으로 달성하기 위한 제반교육을 제공하게 되었다.

둘째, **전교인을 대상으로 제공한 통일세미나**는 전반부와 유사한 개념으로 운영하면서 통일에 대한 전교인의 공감대를 지속적으로 확대 강화하고자 하였다. 그러나 교육 운영시간은 전반부처럼 12주간으로 운영하지는 않았으며, 4주~6주 정도로 주일 오후 프로그램 혹은 토요일 오전 프로그램으로 통일선교 특강을 개최했다. 요일 단위에서 살펴보면 토요일보다는 주일이 참여율이 높았으며, 다만 주일의 참여를 위해서는 주로 방학기간(1~2월)에 집중적으로 교육하는 것이 가장 효과적임을 경험을 통해서 알게 되었다. 그러나 전교인을 대상으로 한 교육에서의 가장 큰 어려움은 여전히 매우 낮은 참여율이며, 참여율을 개선하기 위해서 가장 중요한 요인은 요일, 방학 등의 시기선정이었고, 그 외에도 강사 섭외, 주제 선정, 홍보 등에서 사전에 치밀한 준비가 필요하였다.

◇ 일시 : 2007년 8월 26일 주일 오후 2시 ~ 4시 전교인대상
　장소 : 도자궁전
　제목 : "한반도평화와 남북관계"
　강사 : 윤영관 (서울대 교수, 전 외교부장관, 현 한반도평화연구원 원장)

◇ 일시 : 2008년 8월 17일 주일 오후 2시 ~ 4시 전교인 대상
　제목 : "분단과 통일"
　강사 : 박명규 (서울대학교 통일연구소 소장, 사회학과 교수)

◇ 일시 : 2008년 12월 13일 토요일 9시 ~ 13시
　새터민지원전문사역자 교육
　제목 : "탈북민들과 함께하는 성경공부, 어떻게 할 것인가?"
　주최 : 한반도평화연구원, 북한사역교회연합모임
　후원 : 영락교회, 사랑의교회, 남서울은혜교회, 100주년기념교회
　기조발제 : 전우택교수(연세대 의대 교수)

◇ 일시 : 2011년 5월 30일 월요일 10시 ~ 20시
　제2회 북한사역교회연합세미나
　제목 : "남북이 하나되는 남서울은혜교획 통일선교 이야기"
　주최 : 북한사역교회연합 & 북한사역목회자협의회
　주관 : 남서울은혜교회 통일선교위원회

셋째, **문화 프로그램**은 월례회를 통해 교회 내외의 유명 강사를 초빙하여 운영하는 형태로 정착되었으며, 영화 관람 등은 월례회 보다는 연간 이벤트 행사로서 특정한 관련 영화가 상영될 경우 탈북 성도를 중심으로 공동 혹은 희망자 선발을 통한 영화 관람 등의 문화 행사를 하였다. 결국 월례 행사를 통한 강사 초빙 교육 프로그램으로 개편되면서 직접 체험보다는 교육을 통한 간접 체험을 통해 보다 많은 사람들에게 기회를 주도록 개편되었다. 따라서 문화 프로그램은 전반기처럼 통일선교위원회 소속의 남북한 성도가 서로 동화되도록 기회를 갖기보다는 탈북 성도들에게 남한의 사회 문화를 체험하거나 혹은 월례회를 통해서 공통으로 교류하는 정도로 개편되었다.

통일선교위원회 월례행사 일부 사례

* 일시 : 2007년 5월 13일 주일 통선위 예배모임 후
  제목 : "가정과 부부"
  강사 : 김수지 (한국호스피스협회 이사장)

* 일시 : 2007년 7월 22일 주일 통선위 예배모임 후
  제목 : "웃음치료"
  강사 : 이요셉 (한국웃음연구소 소장)

* 일시 : 2007년 11월 18일 주일 통선위 예배모임 후
  제목 : "노년을 준비하며"
  강사 : 김찬란 (서울여자대학교 교수)

* 일시 : 2008년 2월 17일 주일 통선위 예배모임 후
  제목 : "지구온난화와 동해바다 이야기"
  강사 : 김 구 (서울대학교 지구과학과 교수)

* 일시 : 2008년 5월 18일 주일 통선위 예배모임 후
  제목 : "행복한 삶으로의 초대"
  강사 : 우애령 (작가/상담가)

* 일시 : 2008년 9월 28일 주일 통선위 예배모임 후
  제목 : "생명 창조와 진화"
  강사 : 노정혜 (서울대학교 생물학과 교수, 전 서울대 연구처장)

* 일시 : 2009년 4월 5일 주일 통선위 예배모임 후
  제목 : "디카와 함께 추억을 남기자 – 사진작가 입문의 길"
  강사 : 나동수 집사(사진작가)

또한 도서팀을 운영하여 매주 이동식 서고를 통해 관심 있는 도서를 대출하게 하여 책읽기를 통해서 탈북 성도들이 그동안 단절되었던 남한 사회와 문화를 익히게 하였고 신앙 서적을 통해 올바른 성도의 자세를 배우도록 시도하였다.

넷째, **통일선교위원회 남한 성도 신입위원** 대상 교육을 추진하였다. 남서울은혜교회는 매년 말 세례·입교인을 대상으로 차기년도 특정 위원회 등록 및 의무 봉사를 하도록 되어 있으며, 매년 연초에 등록교인들이 각 위원회별로 신규 봉사활동을 하게 된다. 통일선교위원회의 경우는 탈북 성도들과 함께 교제와 성경공부를 하게 되는데 상호간의 정서적, 문화적, 육체적 차이로 인해 신규 위원들이 탈북 성도들과 교제를 나누면서 서로간의 오해와 이로 인한 어려움들이 반복되는 시행착오를 경험한바 있어, 2008년~2009년에는 남한 성도 신입위원을 대상으로 다음과 같은 내용을 기초로 10주 동안 교육을 받았다.

- 탈북민과 함께하는 예배, 성경공부, 그리고 나눔에 대하여
  (탈북민 성경공부 교재 선정에 대한 입장)
- 제 3국의 탈북민 상황과 정서 이해
- 탈북민의 신앙적 정착을 위한 상담과 교사의 자세
- 탈북 여성의 정서와 현실 이해
- 탈북민 청소년 이해와 접근
- 탈북 아동 이해와 교회 주일학교의 역할
- 탈북민 대학생을 위한 사역 개괄
- 통일선교위원회 주일교사의 역할
- 탈북민 대상 주일교사의 주중사역
- 탈북민 사역을 위한 교회의 지원

이상의 체계적인 강의를 통해 신입위원들은 탈북민과 탈북 성도들에 대한 이해도가 높아졌으며, 상담 및 양육, 교제에 있어서도 불필요한 연민이나 우월감보다는 낮은 자세로 자연스럽게 친화되는 긍정적 효과가 나타나게 되었다.

2012년 현재는 위의 프로그램 등을 토대로 약 4주간 담임목사, 위원장, 부장단과의 질의응답 형식의 오리엔테이션 후 목장에 편성되는 시스템과 전교인 대상 통일세미나에 신입위원을 의무적으로 참여시킴으로써, 교육을 통하여 통일선교사역의 공감대 형성과 현장참여 효과를 높이기 위해 노력하고 있다.

청년위원을 위한 교육 프로그램은 인원수 등의 확보가 미비하여 아직까지 별도의 프로그램으로 개발되지는 않고 있으나, 청년들이 신입위원 교육에 동참하지는 않고 있어 필요성이 제기된 상태이다. 그러나 청년위원들만을 위한 독립적인 교육프로그램보다는 청장년용 신입위원 프로그램에 함께하는 것이 세대 간 이해의 차이를 줄일 수 있는 건강한 시스템이 될 수 있을 것이라고 판단된다.

기존 위원을 위한 보수교육 프로그램은 별도로 개발하지 않고 통일선교위원회 월례회 행사에서 외부 강사를 모시고 세미나를 개최하거나 혹은 전교인 대상 교육프로그램 등을 통해 지속적인 교육을 수행하고 있다. 필요하다면 워크숍 등의 정례화를 통한 발전된 보수교육 프로그램을 고려할 수 있으나 교회라는 특수성으로 인해 그렇게까지 구체적으로 실시된 바는 없다.

3. 교육 프로그램에 대한 방안

(1) 탈북 성도를 위한 교육

○ 탈북 성도 혹은 탈북민이 필요로 하는 교육의 궁극적인 목표는 성공적인 남한정착을 돕기 위한 것으로서 사회 전 분야(취업, 교육, 주택, 법률, 심리, 건강, 재테크, 창업, 기타)에 대한 매우 방대한 범위를 필요로 하며, 탈북민의 이해력의 수준도 입장에 따라 천차만별이어서 일회성 전문가 강의로는 그 실효성이 쉽지 않다. 따라서 멘토를 통한 신앙적 양육과 더불어 인격적 사회관계 적응 능력을 고취시키는 것이 방안이 될 수 있으며, 보다 전문적인 지식이 필요할 경우 전문가 집단을 pool로 구축하고 이러한 전문가를 활용하는 것이 보다 효율적인 교육 및 정착이 될 수 있을 것으로 보인다.

○ 정착지원센터의 프로그램도 매우 훌륭하고 새로운 모델이므로 취업이나 창업을 원하는 탈북민들은 필히 이수할 필요가 있다.

○ 일반 중·고등 과정을 힘들어 하는 탈북 청소년들에겐 교육부의 인가를 받은 대안학교인 여명학교에 진학하는 것이 청소년들의 남한 정착에 큰 도움이 될 수 있다. 그 이유는 북한, 제3국 및 한국 등의 서로 다른 이념, 교육, 사회체계 및 생활환경 등으로 남한에 입국한 탈북 청소년이 일반 중고등학교에서 바로 적응하는 것보다는 여명학교와 같은 대안학교를 통해서 상호간의 차이를 이해하고 상처를 보듬는 차원에서도 유익하며, 여명학교는 대안학교이면서도 교육부인가로 정식졸업장이 발행되므로 별도의 검정고시를 필요로 하지 않는 등의 특징이 있기 때문이다.

(2) 남한 성도를 위한 교육

○ 통일이 언제 올지는 아무도 알 수 없지만, 막상 아무런 준비 없이 우리에게 다가올 때는 그 충격이 매우 클 것이며, 그로 인해 통일 후 남북한 직접 교류에 따른 혼란을 완충시켜주기 위해서는 지금부터라도 탈북민을 통한 남북한의 교류를 체험하여 통일에 대비하는 것이 필요하다는 점을 깨닫게 하는 것이 핵심이다.

○ 어떤 방법이든 여러 경로(관련 도서 뿐 아니라, 영화나 자료 화면 등)를 통해서 통일에 대한 관심을 더욱 제고시켜야 하며, 각 교회는 개교회의 형편에 맞도록 프로그램이 개발될 필요가 있다. 필요시 작은 교회는 큰 교회와 연합하여 고육 프로그램을 서로 공유하는 것도 매우 유익한 대안이 될 수 있을 것이다. 어느 순간 탈북민이 갑자기 남한으로 쏟아져 들어오면, 몇몇 대형교회가 감당하기 어려울 것이며, 지역의 작은 교회들이 함께 협력하는 것이 매우 중요할 수 있다.

○ 탈북민을 섬기려는 남한 성도에게는 우선 탈북민들의 삶과 생활 배경, 정서를 이해하는 것이 중요하다.

○ 탈북 성도들에게 연민의 정이나 우월감을 갖는, 혹은 주입식이나 일방적인 전달 방식이 아닌 상호 대화와 인내를 겸비하고, 세상의 문화와 방식에 대하여 성경적인 적용으로 쉽게 그리고 정확하게 지도하는 지혜가 필요하다.

○ 사도행전 8장 4~8절 말씀처럼, 궁극적으로는 잃어버린 한 영혼을 찾기 위한 아버지의 마음을 가지고 기도하고 시간을 내어 길을 같이 걸어갈 수 있어야 하며, 모든 상황 속에서 자기의 기준이 아닌 하나님의 주권 앞에 내려놓는 겸허함이 교육보다 우선함도 명심해야 할 것으로 보인다.

2.6. 통일 청년 사역

청년부장 김준일 집사

지난 10년간 하나님께서 우리에게 보여주시고 약속해주신 말씀대로 통일선교 청년부를 이끌어 오셨다. 2002년~2005년 청장년 통합으로 성경공부 모임이 진행되었다. 2005년 이후 통일선교위원회 내에 청년들의 인원이 늘어나면서 자연스럽게 청년부를 만들어야 할 필요가 생기게 되었다.

2006년 통선위 성경공부반 모임(목자: 전호일, 송○○, 송○○, 최○○, 최○○, 문○○, 한종무, 나동수, 최○○, 김준일)과 통일 비전을 품은 우리 교회 청년부의 청년통일 사역팀(한지만, 김희선, 박상희, 권태규)이 합쳐져서 통일선교위원회 청년부의 모습을 갖추게 되었다.

1. 성령께서 보여주신 통일청년 사역의 비전

(1) 2007년 비전 선포

2007년 초 청년부 성경공부 시간에 말씀을 읽어 나가던 중 우리공동체를 통해서 하나님이 그리시는 그림을 청년 지체들이 보게 되었다.

사도행전 8장 4~8절 : "빌립이 사마리아 성(평양성)에 내려가 그리스도를 백성에게 전파하니……많은 사람에게 붙었던 더러운 귀신들이 크게 소리 지르며 나가고, 또 많은 중풍병자와 못 걷는 사람이(가난, 우울, 슬픔, 고통, 장애) 나으니 그 성(평양성)에 큰 기쁨이 있더라."

영화 같은 일의 예고편으로, 남한 땅에서 만난 탈북 지체들에게도 성령께서 치유와 기쁨을 주실 것이라는 마음을 갖게 하셨다. 우리 교회 금토동 교육관에서 2007년 청장년 교사모임 시간에 이 비전을 전체 통선위 지체들과 공유하였고 모두가 공감하며 같이 기도하면서 준비하였다.

(2) 2011년 비전 선포

2011년 3월 중보기도 모임에서 하나님께 우리 통선위 청년부를 이끌어 가실 방향과 그림들을 보여 달라고 기도하였다.

에베소서 2장 19절 : "이방 사람과 유대 사람 양쪽 모두(남쪽 북쪽 지체 모두), 그리스도를 통하여 한 성령 안에서 아버지께 나아가게 되었습니다. 그러므로 이제부터 여러분은 외국 사람이나 나그네가 아니요, 성도들과 함께 시민이며 하나님의 가족입니다."

이 말씀에 따라 2011년 4월 통선위 월례회에서 비전 선포식을 가졌다. 성령님은 피가 한 방울도 안 섞인 우리들을 진짜 가족으로 부르신 것을 알았다. 거의 대부분의 우리 탈북 청년들이 육신의 가족을 북쪽에 놓고 왔다. 어떤 지체들은 정말 어린 나이부터 부모 형제와 떨어져 지냈다. 이 청년들이 남한 사회에 잘 정착하기 위하여 사회 경제적인 필요와 정보들이 공급되어져야 한다. 그러나 그것만으로는 부족하다. 이들 청년에게 필요한 것은 남한 사회에 일주일에 잠깐 만나서 서먹서먹한 인사를 나누는 이름 모를 성도가 아니고 서로의 삶이 섞여질 수 있는 형, 누이, 아버지, 어머니이다. 나의 능력이나 성품과 상관없이 나를 끝까지 받아주고 내편이 되 줄 흔들리지 않는 가족 관계가 절실하다. 청년부는 2011년 4월부터 남북한이 하나 되는 가족공동체를 이루라는 주님의 명령에 순종하여 주중에 한 집에 모여서 식사하고 즐거운 시간을 보내는 가족모임을 갖기로 결단하였다.

2. 목장편성

2007년 처음 2개의 목장으로 편성: 남북한 합쳐서 15명
2009년 형제목장 2개, 자매목장 2개: 20명
2010년 양육공동체(3개의 목장) 섬김공동체(통합 1개의 목장): 30명
2011년 자매 목장 1, 2에 장년의 박정애 집사님과 박성희 집사님이 각각 목자로 세워짐: 30명
2012년 형제목장 3개, 자매목장 3개 (새로운 자매목장의 목자에 양수경 자매): 35명

3. 정기모임

(1) 통선위 청년부 주일 목장모임(2006년~2012년 현재)
주일날 1~2시간 성경공부와 교제 시간을 가진다. 2006년 당시 2개의 목장에서 현재 6개의 목장으로 확대되었다.

(2) 청년사역위원회(교회청년부)모임(2006년~2010년)

매주 수요일 교회에서 남한 청년들을 대상으로 통일 선교 사역 소개 및 사역 calling, 자체 훈련을 제공하였다. 초기에는 임용석 목사, 정반석 목사 인도로 자체 예배를 드렸다. 사역소명 공유, 비전 발견, 교육 훈련, 사역 회의 진행으로 이어졌다.

(3) 주중 셀 가족모임 (2011년)

2011년 이전에도 비정기적으로 남북한 청년들이 자주 주중에 모임을 가졌다. 그렇지만 2011년 3월 비전선포식 이후에는 정기적인 주중 모임이 이루어졌다. 사역과 전혀 상관없는 오직 관계 중심적인 모임으로, 정성스럽고 맛있게 준비한 저녁 식사를 함께 하였다. 김혜경 자매가 전날 밤 늦게 노량진 수산시장에서 직접 사와서 맛있게 요리해준 영덕대게 맛은 잊을 수 없다. 밤 늦게까지 교제하였고 모임의 말미에는 아픔을 이해하고 사랑으로 중보하였다. 이런 가족모임은 봄부터 5개월 동안 격주 간격으로 모였다. 그렇지만 가을부터 이 정기적 가족모임은 서로가 바쁜 이유로 지속되지 못하고 있다. 하나님은 분명히 사랑으로 모여서 기뻐하고 즐거워하는 이런 모임을 지속하기를 원하신다. 그리고 다시 시작해야한다는 생각은 있지만 순종하지 못하고 있다.

(4) 목자 부목자 기도모임(2010년~2011년)

청년사역위원회 모임 이후 통선위 목자들을 중심으로 격주 토요일 오전에 모여서 목원들의 기도제목을 가지고 2시간 정도 집중하여 기도하였다. 그러나 현재 이 모임이 없어졌는데 반드시 다시 회복해야 할 모임이다.

(5) 봄, 가을 청년 리트릿(2007년~현재)

2007년 6월 6일 금요일 저녁 약 20명의 청년부원들이 용평리조트로 떠났다. 청년부만의 첫 번째 리트릿이었다. 금요일 밤에 도착한 우리는 강원도 깊은 산속의 찬 공기를 느끼며 밤 늦게까지 대화를 나누었다. 토요일 아침에는 발왕산 정상, 오후에는 강릉 경포대 바닷가에서 노는데, 우리 모임에 몇 번 출석하고 사라졌던 김규남이 찾아왔다. 강릉에 살고 있는데 최영주 형제의 전화 한마디에 10분 만에 달려왔다. 의리 있는 김규남이 우리와 다시 만난 뜻 깊은 날이다. 오토바이를 타고, 완전히 다른 패션, 다른 느낌을 보여준 김규남. 어찌나 반가운지… 밤에는 바비큐 파티. 청년부의 첫 번째 리트릿이었는데, 정말 남과 북이 하나로 어울렸고, 우리 모두가 교제하는 가운데 큰 기쁨이 넘쳐나는 것을 알았다.

- 2007년 10월 3일 (서산: 김은옥 자매의 엄청난 바다 낚시 실력에 모두가 감동, 그리운 자연산 우럭과 놀래미)
- 2008년 5월 12일 (용평·대관령목장: 겨울 같은 추위 속에서 싹 트는 행복)
- 2009년 7월 3일 (대부도: 조개보다 더 예쁜 청년들)
- 2009년 11월 13일 (오크밸리)
- 2010년 6월 (태백: 이재영 형제 부모님 댁에 방문, 근처 계곡에서 천엽을 하는 김○○, 오○○의 모습은 미래소년 코난을 연상케 함. 최○○ 오른 손 기부스 상태로 계곡수영 1시간 이상 감행)
- 2010년 7월 23일 (서산 꿈의 학교: 날씨를 조정하시는 하나님을 경험, 바다 위에서 너무나 즐거운 시간을 보냄)
- 2011년 6월 (금토동: 고기파티 - 양환영 집사 가정에서 주신 맛있는 바베큐)

- 2012년 2월 (용평: 금요일 저녁 교제와 기도모임, 장금희 모두 알게 됨, 정현, 일덕, 영주 스노우보드 시작, 명학과 규남 스키 시작. 시작 후 2시간 만에 레드정상에서 내려오다. 프로 스키 선수 황은경 쫓아가다가 규남 부상)

- 2012년 3월 (경기도 가평 필그림 하우스: 김영식 목사님의 옛 모습을 담은 인상적인 동영상. 토요일 아침 경건의 시간에 로마서 나눔. 오후에 피구도중에 청년 자매들의 목자 박정애 집사님이 발목 골절을

당하셨다. 쉬시겠다고 했는데… 너무 미안. 그 후 놀라운 속도로 회복시켜 주신 주께 감사)

- 2012년 5월 (용평: 금요일 저녁 성경공부에서 그리스도인의 기본 수레바퀴 삶—말씀, 기도, 교제, 증거— 복습. 토요일 오후에 오대천 계곡에서 반두질. 함경북도 스타일의 어죽 끓여 먹음. 맛과 영양 최고)

- 2012 6월초 (에버랜드: 일기 예보와 다르게 맑은 하늘 속 에버랜드에서 즐거운 시간을 보냄. 저녁은 한지만 전도사 집에서 만찬)

사도행전 8장 4~8절 말씀처럼, 성령님께서는 우리에게 하나님 사랑 때문에 큰 기쁨을 주신다. 또한 사마리아에서 빌립 집사님이 하셨던 일을 성령께서 하시는데 인간적인 교제와 나눔도 중요하지만 궁극적으로는 복음으로 우리의 아픔을 치유하고 더 큰 기쁨을 주실 것이라는 확신을 주셨다.

4. 사역

(1) 하나원 청년사역

2006년 5월부터는 하나원 사역을 청년부 주관으로 바꾸기로 하였다. 탈북 동포들의 정착 과정에서 유일하게 모든 탈북민이 거치는 장소인 하나원은 복음 전파의 굉장히 중요한 길목이라는 인식하에 청년들을 중심으로 전도/주일탁아사역/상담사역을 시작하였다. 이 사역은 통선위 전체의 주요사역으로 다시 환원하여 현재는 전도부에서 섬기고 있다.

(2) 여명학교 지원 사역

매년 진행되는 여명학교 후원의 밤 행사 진행시 자원봉사자를 모집하고 운영하였다. '제2회 여명학교 후원의 밤' 행사지원을 2006년 11월에 시작하여 2010년까지 총5차례 지원하였다. 이 행사는 매년 11월 마지막 주 토요일에 열렸으며, 매회 50~60명가량의 남한 청년 자원봉사 인원을 동원하여 행사 안내, 주차, 의전 등 후방지원 업무를 총괄 진행하였다. 남서울은혜교회 통선위 청년부 내에는 여명학교 졸업생 최○○, 최○○, 이○○, 김○○, 이○○, 오○○ 등도 함께하였다. 이들과 남한 청년들이 힘을 모아 후원의 밤 행사를 도왔다.

(3) 청년사역위원회와의 해외사역(2007-2011)

남서울은혜교회 청년들에게 통일한국에 대한 비전공유 및 통일준비 마인드 고취 G국 B지역 소재 탈북 고아 사역을 통한 사역 체험
- 2008년 8월 - 제1회 해외사역: G국 YG일대
- 2008년 6월 6일 / 2009년 5월 30일: 개성공단(그린닥터스 병원 사역지원) 2회
- 2009년 8월 - 제2회 해외사역: G국 YG일대
- 2010년 7월 - 사역정탐(G국 S지역 일대)
- 2011년 6월27일~7월 7일 : 제3회 해외사역 - G국 YG·DH·HC 및 S국 BV일대
- 2012년 7월 8일~7월19일 : 제4회 해외사역 - G국 YG·DH·HC 일대 및 S국 BV일대

(4) 해외 단기선교여행 (2012~)

- 8월말: 캄보디아 선교여행
  김영식 목사, 이덕광 집사 그리고 자매목장 이진실, 김수향, 이경화, 김혜경 자매와 청년 형제 목장 1반 목자 이재영 형제 참석. 하나님의 일하심 체험.
- 9월말 간증집회

제3장

통선위 외부 사역:
탈북 청소년 교육과 탈북민 정착지원

통일, 우리는 이렇게 시작했습니다

3.1. 여명학교와 탈북 청소년 교육

3.2. 취업지원센터와 탈북민 정착지원

3.1. 여명학교와 탈북 청소년 교육

조명숙 여명학교 교감

1. 여명학교 설립 배경

94년 북한의 지도자 김일성이 사망하고, 95년 극심한 홍수로 배급을 못 주는 초유의 사태인 "고난의 행군"시기를 겪게 된다. 96년 고난의 행군 시기에 가족과 이웃이 굶어 죽는 상황을 보며 많은 북한 인민들은 97년에 정부의 대책을 기대하지만 정부의 "올해는 고난의 강행군 시기가 될 것이다."는 말에 1년에 10만 명에 이르는 굶주린 사람들이 두만강을 넘어 중국으로 탈북한다.

이때 북한의 가부장적이고 유교적 사회에서 세대주인 가장의 탈북보다는 대부분 제재가 덜한 어머니나 여성들이 탈북하게 되고 한국에 외국인 노동자나 국제결혼으로 결혼시장의 성비 불균형이 초래된 중국 동북 3성의 농촌지대에 월경한 탈북 여성들이 인신매매에 희생되어 농촌으로 잠입하게 된다. 북한 여성들을 아내로 맞이한 농촌 총각들은 아내인 북한 여성들을 보호할 역량이 부족한 사람들이 대부분이었고 인권 유린이 심각했기에 많은 북한 여성들은 한국으로 들어오게 된다.

많은 우여곡절 끝에 남한에 입국한 북한 여성들은 봉건적이고 가부장적인 북한의 사고방식으로 인해 인권의 피해자였음에도 불구하고 여성으로서 겪은 일들 때문에 남편을 남한에 입국시키지는 못하지만 천륜인 자녀들은 브로커를 통해 입국시키려 노력한다. 현재 70%에 육박하는 여성 인구와 16%에 해당하는 20세 미만의 청소년들이 탈북민의 대부분을 차지하는 이유이다.

2002년부터 매년 1,000명 이상의 탈북민들이 남한에 입국하였고, 중국 등 현장에서 일을 하였던 활동가들은 민족의 미래를 짊어 질 청소년들이 중국 등 제3국에서 걸식하는 현장을 보며 남한 내에서 그들을 위한 안정적이고 통일의 시점까지 지속가능한 대안을 강구하게 된다.

이에 2003년 1월 당시 통일선교위원회가 활발하게 활동하고 있는 남서울은혜교회에 탈북 청소년들을 위한 학교의 설립을 제안하게 되었지만 이제 막 밀알학교를 건축하여 지원 피로감을 느끼고 있었으며, 또 당시 탈북 청소년들을 위한 몇몇 대형교회들의 탈북민 사역의 결과물들이 좋지 않았기 때문에 사역에 부담을 느끼고 있었다.

그러나 하나님께서 원하시는 일이라면 인간이 힘들더라도 감당해야 한다는 통일선교위원회의 집사님들이 타당성 조사라도 해 봐야 한다는 선한 의도가 있었다. 이를 본 필자는 탈북민 사역이 대형교회들의 지원을 앞세운 유물론적 접근과는 다르게 가장 가난한 학교를 운영하면서 하나님께서 하시면 성공하는 방법을 보여드려야 한다고 생각하고 2003년 1월에 대림동의 지하 6평짜리 창고를 임대하여 "자유터학교(탈북 청·장년들을 위한 야학)"를 설립하게 된다.

이는 교육 공동체이지만 가장 돈이 적게 들어 몇 몇의 사역자의 헌신으로 운영될 수 있는 야학 시스템으로 운영을 시작하였다. 유물론사회에서 또 어려운 형편에서 살았던 탈북 청년들의 눈에 보기에도 가난

하고 볼품없는 자유터학교에 실망하여 많이 떠나갔지만 의외로 몇몇의 학생들은 매우 의아해 하였고 그 이유를 알 때 까지만 다니겠다고 하여 그 수는 20~30명으로 늘어갔다.

한 달에 30만원하는 월세만 겨우 낼 경비가 있었고 저녁 식사비도 없어 아이들이 굶으며 수업을 하게 되자 남서울은혜교회 통일선교위원회에 저녁 밥값 후원을 요청하였다. 남서울은혜교회의 통일선교위원회에선 월 50만원의 저녁 식비를 지원하여 좀 더 안정적 상태에서 학생들을 가르치게 되었고 자유터는 탈북 청년 야학의 모델로 만들어져갔다.

한편으로 통일선교위원회에서는 오명도 집사를 팀장으로 조명숙, 유 욱 집사, 조영아 집사로 대안학교 설립 타당성 조사 TF팀을 구성하여 문헌자료 연구와 여러 탈북 청소년 관련 기관들을 방문·실사하였고, 탈북 청소년 대안학교 설립의 필요성을 실감하게 되었다. 연말 통일선교위원회에서는 TF팀 보고서를 근거로 하여 남서울은혜교회 당회에 탈북 청소년 대안학교 설립계획서를 제출하였고 당회 결정으로 대안학교 설립이 추진되어 '여명학교'가 태동될 수 있는 기초가 마련되었다.

2. 여명학교 태동과정

2004년 9월 14일 여명학교는 봉천동 낙성대의 실 평수 90평 복층 건물에서 개교하였다. 개교 초기에는 6개 교단 23개 이사교회의 지원으로 19명 학생을 선발하여 운영하였다. 선례가 없어 모든 것이 불투명한 가운데 탈북 청소년 교육에 헌신하고자 하는 교사 8명과 함께 초대 교장 우기섭, 교감 조명숙, 실행위원장 오명도 체제로 시작한 여명학교는 당시 미인가로 중·고 과정이 운영되었지만, 초등과정도 수료하지 않은 높은 연령의 학생들이 여명학교의 문을 두드리게 되어 여명학교는 초·중·고 과정을 개설하게 되었다.

　탈북 청소년들은 남한에 입국하여 거의 대부분의 학생들이 남한의 학교에서 교육을 받고 싶어 한다. 미국에 이민 갔을 때 좀 어렵더라도 미국의 학교에 입학하여 공부하고 싶어 하고, 또 그래야 미국 사회에 빨리 적응하는 것으로 생각하는 것과 같은 맥락이다. 그러나 탈북 청소년들은 북한의 식량난과 탈북 과정 중에 교육 공백이 상당하기 때문에 일단 연령의 증가로 일반학교 진학이 어렵게 된다. 따라서 탈북민의 가장 많은 연령대인 20대의 학령기를 놓친 학생들을 위한 대안학교가 필요하였고 여명학교는 그래서 태동한 것이다.

　남한의 학생들은 일반학교에 진학할 수 있어도 의지적으로 대안학교로 진학하는데 비해 탈북 청소년들은 일반학교에 가고 싶지만 나이가 많거나 학력이 낮아 입시위주의 일반학교에서는 공부를 못하여 주변인으로 떠돌다 중도탈락하게 되어 주로 대안학교를 찾는다. 즉 일반학교에 가고 싶지만 갈 수 없는 아이들이 입학하였다. 그래서 여명학교는 그 체제에 있어서는 남한의 공교육의 틀을 유지하고 내용은 북한이탈 청소년에 맞게 대안적으로 "보수적인 시스템, 특성화된 교육 프로그램"으로 운영하게 되었다.

　그간의 교육 경험으로 탈북 청소년을 위한 대안학교는 교육의 안정성과 교육의 질 담보를 위하여 "학력인정"을 받아야 한다는 것을 절감하게 되었다. 남북한 교육 과정의 차이와 교육 내용의 차이, 그리고 식량난으로 인한 교육 공백으로 인해 선행학습이 되어 있지 않는 상태에서 검정고시를 치르는 것은 매우 어려운 일이었다.

특히 중등과정 검정고시(중학교 졸업, 고등학교 졸업)의 경우 매년 4월, 7월에 시험이 있기 때문에 1학기에는 모두 검정고시 준비를 해야 하고 2학기에 비로소 교육다운 교육을 하여야 하는데 검정고시에 합격한 학생들은 경제적인 문제와 목표의식이 없어 학교를 이탈하는 상황이 만연하였다.

또한 교육의 내용면에서도 미인가 상태에서 년 2회(4월, 8월) 실시되는 검정고시를 준비하기 위해서는 남한 학생들이 학교에서 3년간 배웠던 과정을 탈북 청소년들에게 4개월 만에 가르쳐서 시험을 치르도록 해야 한다. 따라서 그들에게 진정으로 필요한 남한 적응과 인성교육 보다 학생들의 필요를 위해 검정고시 대비를 위한 교습을 위주로 할 수밖에 없었다.

2008년 여명학교는 높은뜻숭의교회의 도움으로 협소하고 열악한 환경에서 벗어나 남산동으로 확장 이전하게 되었으며 학교에서는 다방면으로 학력 인정을 위해 최선의 노력을 다하였다. 때마침 민원을 통한 건의가 정부에 수렴되어서 "대안학교 설립·운영 규정"이 개정되었다. "탈북민의 자녀, 다문화가족의 자녀, 학교이탈청소년들을 위한 대안학교의 경우 임대상태에서도 학력인정이 가능하다."는 조항이 생긴 것이다. 이에 여명학교는 2010년 3월 22일 "임대학교로서의 첫 학력인정 대안학교"로서 50명 정원의 고등학교 과정을 시작하게 되었다.

3. 여명학교의 특성

(1) 여명학교의 의미
① 교단을 초월한 선한 교회들의 연합운동

하나님께서 통일을 준비하는 남한의 기독인들에게 바라는 것은 십자가 아래서 교단을 초월한 연합사역일 것이다. 한 교회 안에서도 내분이 잦은 이 시대에 여명학교는 교단이 다른 23개 교회가 연합으로 시작하여 한국교회의 또 다른 모델이 되고 있다.

② 탈북 청소년들의 전인적 적응 교육의 장

남한 학교에 입학한 탈북 청소년들은 "우리는 19세기에서 21세기로 넘어 온 것 같아요."라고 말하며 생소한 남한의 교육환경에 적응하기 어려움을 토로한다. 특히 교육의 위계성과 연속성이라는 측면에서 보면 단절과 상실을 경험하고, 남한식 교육 경험과 선행 학습이 부족하기 때문에 보완 과정이 없는 상태에서 남한 학교에 바로 진입하기가 쉽지 않다.

게다가 탈북 과정에서 혼자된 무연고 학생들과 장기간의 이산 과정을 겪고 재결합하는 가정의 자녀들에게는 학교가 가정의 역할도 대신해야 한다. 즉, 탈북 청소년대안학교에는 돌봄의 기능이 더 요구되는 것이다.

또한 남한 학교의 적응이 곧 사회화의 과정인 탈북 청소년들에게는 대안학교가 사회화를 통한 남한 사회 적응기관으로의 역할 또한 감당해야 한다. 즉 이들을 위한 학교는 '교육의 기능', '돌봄의 기능', '사회화의 기능'을 수행하며 전인적 적응 교육의 장이 되어야 한다. 여명학교는 부족하지만 그 역할을 담당하려고 노력하고 있다.

③ 탈북 청소년들을 위한 교육 효과성에 대한 실천의 장

여명학교가 개교된 2004년에는 탈북 청소년들의 한국 입국이 늘어나기 시작할 무렵이었다. 아직 탈북 청소년들에 대한 교육 방법이 연구되지 않았던 시기였다. 초기의 여명학교는 소수의 학생들을 대상으로 미인가 형식으로 학교를 운영하면서 학생들의 특성에 맞는 다양한 교육 방법들을 모색하였다. 학교가 성장함에 따라 그 프로그램도 변화되고 발전되어 향후 유사시에 매뉴얼로 활용될 수 있을 것이다.

④ 새롭고 다양한 교육제도 개선의 견인차

모든 제도가 그렇겠지만 가장 집권 정권에 애용되었던 제도는 대학 입시를 비롯한 교육제도이다. 그러나 반면 교육제도에서 외형적인 부분은 거의 변하지 않고 있다. 사회가 변화하면서 다양한 개성을 가진 학교 설립이 필요한데 그에 대한 것은 전혀 바뀌지 않고 있었다. 예를 들어 학교를 설립할 때는 "운동장과 학교 건물이 학교의 소유"여야 한다는 것과 "학교는 학교 부지 위에 설립하여야 한다."는 것 등이다. 그러나 많은 노력과 기도로 "대안학교 설립 운영에 관한 규정"이 개정되어 여명학교는 최초로 운동장이 없고, 학교 건물이 임대상태에서 학력인정을 받아 교육계에 새로운 이정표를 만들게 되었다. 관련 법 개정 등 어려운 과정을 거쳐 2010년 서울시 교육청으로부터 고등과정 학력 인가를 받게 된 여명학교는 탈북 청소년을 위한 도시형 학력인가 대안학교로 새로운 모델이 된 것이었다.

⑤ 미인가 및 인가 상태에서 각각의 교육경험과 교사의 전문성 확장을 통한 사회적 기여

여명학교는 2004년 미인가 상태에서 6년간을 운영하다가, 2010년 인가 상태로 발전하여 미인가 학교와 인가 학교의 두 체제를 경험하면서 장·단점을 알게 되었고 이는 통일 후 북한에 학교를 설립할 때 지역적, 문화적 특성과 대상 학생 특성을 감안한 대안을 만드는 데 활용될 수 있을 것이다.

(2) 여명학교의 당면과제
① 재정의 불안정

교육은 미래에 대한 투자라 그 중요성은 누구나 공감하지만 성과가 장기간에 걸쳐 나타나므로 지원의 긴급성이 간과될 수 있다. 또 흔히들 학교는 '돈 먹는 괴물'이라고 하여 민간에서만의 감당은 불가능하다는 사회적 합의로 인해 사립학교라 할지라도 정부에서 재정을 지원한다.

여명학교는 2004년 통일한국을 준비하고 탈북 청소년들의 남한 사회 적응과 교육을 위해 23개 교회의 지원으로 설립되었다.

통일을 준비하는 이 시기에 민-관이 협력하여 운영해야 하지만 민간의 힘으로 설립·운영되다보니 시간이 지남에 따라 교회는 지원 피로감을 느끼게 된다. 교회는 다양한 사회적 책무들을 감당해야 하기에 예산을 더 늘릴 수 없거나 교회 자체의 재정 문제로 학생들이 늘어나 지원이 더 투입되어야 함에도 불구하고 그렇게 할 수 없는 실정이다. 또 학력인정을 받은 이후로는 기존 후원자들은 정부 교육 당국이 지원할 것이라 생각하여 후원을 줄이고 있는 상황이나 실제의 학교 현실은 학력이 인정되지만 교육 당국으로부터의 운영지원이 되지 않고 있고 오히려 후원은 줄어들고, 학생들은 늘어나는 상황이다.

이에 교육에 전념해야 할 교사들이 부족한 학교재정을 보충하기 위하여 개인후원의 모집이나 대외 기획 사업의 응모 등에 많은 에너지를 소모해야하는 실정이다. 하지만 여전히 재정은 불안정한 상태이다. 살아가는 동안 불안을 가장 많이 경험했던 탈북 청소년들을 위한 교육에서 가장 중요한 것은 교육의 안정성일 것이다. 따라서 교육의 안정성을 확보하기 위하여 지속 가능하고 안정적인 학교 운영의 대안이 모색되어야 할 것이다.

② 교육 공간 확보

여명학교가 학력인정을 받기 위해서 최소한의 시설규정에 부합되어야 하는데 다행히 현재의 남산동 교사는 이를 충족할 수 있는 여건이 되었다. 현재 남산 소월길에 위치한 여명학교는 서울 시내 어디에서도 1시간 내 통학이 가능하다는 지리적 이점이 있고, 남산의 병풍 숲이 학생들을 치유하는 자연적 혜택과 중국영사관 바로 옆이라 과거 상처와의 지속적인 접촉으로 상처가 극복되는 최상의 환경이라는 점에서 너무나 감사한 일이다.

그러나 비싼 임대료를 지불해야 하는 현실적인 어려움이 있다. 따라서 재정의 안정성을 확보하기 위해서는 학력인정을 유지할 수 있는 저렴하고 안정적인 공간의 확보와 지속적으로 늘고 있는 학생들의 수용을 위하여 새로운 공간으로의 이전이 불가피하다.

다만 다행인 것은 남한에서는 해마다 취학 학생들이 줄고 있어 초·중·고등학교에서 유휴 건물들이 늘고 있어 약간의 제도개선으로 교육 공간을 확보하는 방안 등도 고려가 가능한 상황이라서 이전 계획을 계속 염두에 두어야 할 것이다.

③ 교과 전문성 제고 및 교사의 소진

여명학교와 같은 탈북 청소년들을 위한 대안학교는 무한결핍 상태에서 심신의 외상을 입고 남한에 입국한 학생들을 위해 교육을 원천으로 하는 학교의 기능 뿐아니라, 돌봄을 위주로 하는 가정의 기능, 남한 사회적응을 돕는 사회화의 기능을 수행하여야 한다. 교육 뿐 아니라 전반에 걸친 문제들을 감당해야 하고 특히 생의 주기에서 가장 에너지가 넘쳐나는 청소년들을 장시간 감당하는 것만으로도 성인 교사들에게는 힘겨운 사역이다. 거기에 더해 후원과 운영의 문제를 위해 각종 후원개발과 지원 사업에 대한 업무는 개척자임을 감안하더라도 능력과 시간의 한계가 있을 수 밖에 없다. 게다가 학교 현장에서는 탈북 청소년들의 특성에 맞는 교재가 없어 남한 교재로 북한 학생들을 가르쳐야 하는 상황이라서 힘이 들더라도 과목 교사가 학생들의 이해 정도를 감안하며 맞춤형 교재를 자체 개발하여야 한다. 또한 과목당 1명 내외인 학교의 형편을 감안하면 여명학교 교사에게 부과된 짐이 크다고 할 수 있다.

그 무엇보다도 교사는 교과목에 전문성을 가지고 있어야 하며 특히 여명학교의 교사들은 탈북 청소년들에 맞는 각 담당 과목의 전문성을 구축해 가야 한다. 따라서 아무리 어려운 상황일지라도 교과 전문성 제고를 위한 연구와 재교육의 과정과 시간을 또 확보하여야 한다.

여명학교와 같은 탈북 청소년들을 위한 대안학교의 교사들은 당장의 학교 운영의 안정화를 위한 각종 모금 활동과 기획 사업 신청과 운영을 하면서 교사, 학부모, 사회 적응을 담당하여야 하는 과중한 업무와 대상인 학생들에 대한 에너지 소모로 인해 빠른 시간 내에 소진될 수 있다.

"학교의 수준은 교사의 수준을 넘을 수 없다."는 교육계의 명언과 "사람을 통해 역사하시는 하나님"처럼 여명학교도 그 무엇보다 교사들이 해를 더할수록 전문성이 높아지고 그래서 학교가 안정감을 갖게 되어 대안을 창출하는 것이 중요하다. 따라서 교사들이 소진되어 학교를 이탈하지 않고 연속성을 가질 수 있도록 그들의 짐을 함께 나누며 성장할 수 있도록 교사의 수를 늘리고 안정적 팀워크와 재정 지원을 늘려야 한다.

4. 탈북 청소년 사역 시 제안점

(1) 비관심 사역의 개척

사회문제가 발생하면 많은 사람들이 관심을 가지고 프로그램을 만드는 경우가 많다. 그러나 충분히 기도하고 고민하지 않은 상태에서 프로그램을 만들다보니 대안을 만드는 것보다 시류에 편승하는 경우가 더 많다. 또 가장 어렵고 필요한 일보다는 가장 명분 있고 쉬운 일을 하는 경우가 많아 그야말로 사역에 있어서도 공급이 수요를 증가하여 빈익빈, 부익부 현상을 초래하는 경우가 많다. 안타깝게도 탈북민들을 위한 영역에서도 마찬가지다.

교회나 사회단체에서 할 수 있고 가장 명분이 있는 사역이 대안학교이고 많은 단체와 교회에서 만들고 있다. 그러나 대안학교에 대한 수요가 있긴 하지만 미인가 상태에서의 학교 규모를 갖출 수 없는 10명 내외의 미인가 학교를 여러 개 운영하는 것보다는 몇 개의 기독교 학교가 대안을 창출하는데 힘을 쏟을 필요가 있다. 반면 탈북민 가정 회복과 성공적인 남한 사회 정착을 위한 성인 프로그램이나 여성들과 대학생들을 위한 그룹홈 지원 사업은 운영되지 못하고 있다. 입국한 탈북민들에게 하나원 배출시 주거지 배정이 100% 되지 못하는 상태와 만 20세가 넘어 영구 임대아파트를 배정받을 수 있는 조건이 되었다 하더라도 실제 운영 역량이 되지 않아 주거지 배정이 오히려 독이 될 수 있는 성인 탈북민들이 자력으로 생활을 책임질 수 있는 시기까지 적응교육과 생활교육, 신앙교육을 효과적으로 병행할 수 있는 그룹홈에 대한 사역은 관심의 영역 밖이다.

교회에서는 가장 어렵고 사회에서 감당하지 못하여 아무도 시작하지 않은 일이라도 하나님께서 원하시는 사역이면 어려울 지라도 길을 내며 개척해야 할 것이다.

(2) 사람이 대안

하나님께서는 시스템을 쓰지 않으시고 사람을 통해 사역하신다. 모든 사역은 명분 있고 선하다. 그러나 사역의 성패를 가르는 것은 사역에 임하는 사역자들이 사역 자체를 행복하게 생각하며 열심히 하느냐에 달려있다고 해도 과언이 아니다. 즉 그 사역을 위해 죽을 각오가 되어 있느냐? 그리고, 끝까지 그 마음을 유지할 자들이 몇 명이나 있느냐가 중요하다는 이야기다. 어떤 사역이나 마찬가지겠지만 꿈꾸며 최선을 다할 사역자의 선발이 가장 중요하다고 할 것이다.

(3) 영적이고 대안적인 시스템의 구축

모든 탈북민을 위한 사역과 프로그램을 진행할 때는 늘 현실의 대안 뿐 아니라 통일 이후에 일반적으로 적용될 수 있는 프로그램으로 발전시킬 것을 염두에 두어야 한다. 또한 우상화된 주체사상과 기독교에 대한 뿌리 깊은 배척으로 인해 탈북민이나 북한 주민을 위한 사역은 영적인 전쟁이 될 가능성이 크다.

　이는 반면에 모든 사역에 있어서 영적인 부분과 전문적 부분이 병행되는 시스템을 만들어야 성과가 나올 수 있다는 것을 내포하고 있다. 이에 대하여는 모든 프로그램의 진행 과정과 성과와 실패 요인을 잘 정리하여 매뉴얼로 만들어 두어야 한다.

(4) 야간 및 사이버 교육을 통한 성인들의 평생학습지원

　남한 사람인 우리들도 현대 사회의 변화의 속도를 학교 교육을 통해서 따라잡기가 불가능하다. 그래서 남한 사람들도 끊임없는 교육을 통하여 재사회화 과정을 밟아야 한다. 하물며 전혀 다르고 폐쇄된 사회에서 살다 온 탈북민에 있어서는 남한 사회에 정착을 위한 교육과 재사회화를 위한 교육은 지속적이며 장기간에 걸쳐 진행되어야 할 것이다. 따라서 이들 탈북민들을 위하여서는 평생교육 차원에서 다양하게 진행되어야 할 것이다.

　그 한 예로 사이버 교육도 중요한 방법이겠지만 남한 적응상의 어려움이 많을 그들이 어려움을 토로하며 상호작용이 가능한 시스템이 더 적절하고 유효할 것으로 사료된다. 특히 남한에서는 그 존재 가치가 줄어 든 야학을 그들의 특성에 맞게 새롭게 재구성하여 지원할 필요가 있다. 따라서 평생교육으로서의 야학 시스템을 구축하여 성인들을 위한 남한 사회 정착, 직업 교육, 인성 교육, 영어 교육을 시행하여 통일 이후에 일반화시키면 남북의 간극을 메우는 중요한 역할을 할 것으로 생각된다.

(5) 심리적 지원 - 사회적 지지 기반의 확충

탈북민들이 환경의 단절과 상이함, 그리고 그에 대한 적응의 양태인 "의욕 넘침"과 곧 이어 올 "무기력감, 우울감"과 그로 인한 "신체화 증상"을 겪게 된다. 예상되어진 그들의 적응 양태를 감안하여 그들이 건강하게 남한 사회에 적응할 수 있도록 다양한 심리 지원과 사회적 지지 기반을 만들어 주어야 한다.

특히 교회와 같은 종교 기관과 지역 사회에서는 범죄 전단계의 두드러진 양상인 게임 및 알코올 중독, 흡연 및 이성에 대한 탐닉을 조절할 수 있는 건전하고 긍정적인 프로그램을 마련하고, 그들이 남한 사회 적응 상에서 느끼는 과도한 스트레스를 해소하며, 새로운 상황과 환경에서의 위기와 그에 대한 대처를 위한 조언과 분노 조절을 위한 다양한 정신적 프로그램도 지원되어야 할 것이다.

3.2. 취업지원센터와 탈북민 정착지원

취업지원센터

1. 배경

　탈북민에 대한 정착 지원 제도는 하나원에서의 기초 사회적응 교육 이후 거주지 정착지원금, 주택 지원, 취업 지원, 교육 지원, 사회보장, 의료 지원 등 다양하다.
　이전의 탈북민을 위한 정착지원 정책이 시혜적이고 현금 지원 위주의 방식이었는데 비해 2005년에 개편된 지원 정책은 탈북민의 '자활과 자립'을 유도하기 위한 경제적 유인책과 적극적인 지역사회 적응을 지원하는 서비스를 강화하는 체제로 바뀌었다.
　그러나 탈북민의 남한 사회 정착의 핵심인 취업 부문에서의 제도적인 지원이야말로 탈북민 2만명 이상의 시대에 우리가 가장 중요하게 검토하고 개선해야 할 부분이라 할 수 있다. 탈북민의 안정적인 남한 사회 정착 문제는 남북 사회통합의 준비라는 중장기적인 관점에서 검토되어야 하는 문제이다. 탈북민은 2,400만의 북한 주민들의 대표로서 매우 이질화되어 있는 남북한 사람들이 통일 과정 및 통일 이후 통합 사회의 미래를 보여주는 것이다.[1] 탈북민의 취업문제에 대해 본 센터에서 진행한 취업지원프로그램을 예시로 현황 및 문제점을 살펴보고자 한다.

2. 탈북민의 남한사회 정착 장애 요인/ 서비스 우선순위 인식[2]

탈북민의 남한사회 정착 장애 요인은 크게 세 요인으로 분류된다.

첫째, 남북한 문화적 차이로 인한 적응문제
남북한 문화적 차이로 인한 적응문제의 예로는 "남한 문화에 잘 적응하지 못함", "남한 사회에서 부적절한 더인, 사회기술", "남북한 가치관 사이에서 혼란" 등이다.

둘째, 탈북민 개인의 내적 특성
정착에 장애가 되는 탈북민의 개인 내적 특성의 예로는 "쉽게 돈 버는데 관심이 많음", "능력 이상의 대우를 요구함", "한 직장에 오래 다니지 못함", "과도한 기대와 의존성" 등이다.

셋째, 남한의 정착지원제도/환경적 요인
남한의 환경적 요인으로는 "불안정한 일자리", "낮은 급여의 일자리", "취업 기회에 대한 정보 부족", "배정 지역에 취업 기회 없음" 등으로 나타났다. 탈북민이 남한 사회에서 정착하는데 장애요인에 대한

---

1) 2010년. 유 욱 "탈북민 맞춤형 취업지원을 위한 법제 검토"에서 인용.
2) 2010년. 김연희 "탈북민 실무자 인식조사"

인식에 대한 결과는 [표6]에 제시한 바와 같이 3개 하위 요인들이 고르게 지적되었다.

특히, 가족관계로 인한 정서적, 경제적 부담이 가장 큰 어려움으로 인식되었으며, 취업과 관련된 장애요인들이 하위 5개 항목이 지적되어 경제적 적응과 관련된 장애요인들을 최우선적 문제로 인식하고 있는 것으로 나타났다.

[표6] 탈북민 남한사회 정착 장애 요인

순위	내 용	평균(M)	표준편차(SD)
1	북한 혹은 중국에 남은 가족에 대한 염려, 지원요청	3.91	.879
2	수급권 상실에 대한 두려움이 취업동기를 감소 (제도적 문제)	3.91	.938
3	탈북민 관련 전문 인력의 부족	3.91	.914
4	한 직장에 오래 다니지 못함	3.83	1.064
5	제한된 직업훈련 프로그램	3.83	1.038
6	부정확한 정보에 쉽게 현혹됨	3.79	1.018
7	우울, 외상 후 스트레스 장애 등 심리, 정신적 문제	3.74	.901
8	만성질환, 건강문제	3.74	.944
9	한국의 어려운 경제상황과 취업난	3.68	.963
10	남한에서 활용 가능한 직업기술이 없음	3.67	.983
11	일반 남한사람들의 편견과 차별	3.65	.944
12	불안정한 일자리(비정규직이나 일용직)	3.63	.918
13	복잡한 가족 관계와 갈등	3.58	1.005
14	탈북민 서비스의 혼재와 과도한 중복	3.57	.918
15	정상적인 노동보다 쉽게 돈 버는데 대한 관심	3.54	1.157
16	남한의 언어(외국어, 한문 등)를 잘 이해 못함	3.54	.973

탈북민의 서비스 우선순위에 대한 인식을 살펴보았다. 탈북민의 정착에 가장 필요하고 중요하다고 생각하는 서비스로는 취업, 급여 지원, 건강 서비스, 초기 정착 서비스 등으로 경제적 자립과 관련된 서비스들이 중요도에서 높게 평가되었고, 경제적 사회적 적응에 필요한 초기 적응교육과 건강지원이 또 다른 우선순위 서비스로 지적 되었다.

[표7] 탈북민 서비스 우선순위 인식

순위	내 용	평균 (M)	표준편차 (SD)
1	취업준비 교육 및 상담	4.64	.614
2	직업알선 및 유지지원	4.63	.661
3	건강지원 서비스	4.59	.676
4	직업훈련 프로그램	4.54	.689
5	초기정착 서비스	4.53	.759
6	인간관계 향상 프로그램	4.47	.698
7	의료급여 확대	4.46	.690
8	초기적응교육	4.42	.779
9	정신건강 교육 서비스	4.41	.739
10	정신건강 치료개입	4.35	.751

3. 취업지원 정책[3]

　「탈북민 지원법」은 정부가 탈북민의 취업을 지원하기 위하여 직업훈련 기회를 제공하고, 능력 및 적성에 맞는 취업과 기능 및 경력에 적합한 직업훈련을 받을 수 있도록 진로 지도를 하며, 사업장을 알선하고 탈북민을 고용하는 사업주에게 고용지원금을 교부하도록 규정하고 있다.

---

3) 2010년. 유 욱 "탈북민 맞춤형 취업지원을 위한 법제 검토"에서 인용함.

또한 고용노동부 산하 전국의 55개 고용지원센터에 취업보호담당관을 지정하여 탈북민의 상담, 진로지도, 취업알선 업무를 담당하고 있다.

(1) 초기 정착 기본금 지급

탈북민이 사회에 나온 뒤 기초적인 생계를 해결 할 수 있도록 일정액의 현금을 지급한다. 현재 정착금은 정착 기본금, 정착 장려금 및 정착 가산금으로 구분된다. 정착 기본금은 탈북민이라면 누구나 수혜자가 되지만 그 금액은 1인 세대의 경우 주거 지원금 1,300만원을 포함하여 1,900만원으로, 2004년 이전 3,590만원과 비교하여 크게 낮아졌다.

[표8] 정착기본금 지급 수준

(단위 : 만원)

가족수	초기 지급금	분할지급금	주거지원금	합 계
1인	300	300	1,300	1,900
2인	400	700	1,700	2,800
3인	500	1,000	1,700	3,200
4인	600	1,300	1,700	3,600
5인	700	1,600	2,000	4,300
6인	800	1,900	2,000	4,700
7인 이상	900	2,200	2,000	5,100

(2) 정착 장려금 지급

정착금 지급은 탈북민이 사회생활 초기에 기초적인 생계를 해결할 수 있도록 모두에게 일정 금액을 지급하는 제도로, 탈북민의 자립과 자활을 촉진하기 위해 기본금을 축소하고 장려금 제도를 폭넓게 도입하는 방향으로 변화하고 있다.

[표9] 정착 장려금 지급 기준

구 분	지급기준		금 액
직업훈련 장려금	500시간 미만		미지급
	500시간		120만원
	100~1220시간		120시간당 20만원 (총120만원)
직업훈련 추가 장려금	1년 과정, 우선선정 직종		200만원
자격취득 장려금	1회 한		200만원
취업 장려금	1년차	6개월이상 1년이하 250만원 지급	550만원
	2년차		600만원
	3년차		650만원

[표10] 정착 장려금 지급 현황(2007년~2010년 6월)

(단위 : 만원, 명)

연도	종류	집행액				
		직업훈련	자격취득	우선직종	취업 장려금	지급액
2010.6	지급액	64,020	69,600	29,600	274,330	437,550
	인원	409	348	148	548	1,453
2009	지급액	88,420	104,000	21,800	296,850	511,070
	인원	681	520	109	646	1,956
2008	지급액	62,950	69,040	18,800	89,100	239,880
	인원	500	346	94	201	1,141
2007	지급액	36,000	43,400	9,800	12,150	101,350
	인원	289	217	49	28	583

(3) 고용지원금

정부는 탈북민을 고용하는 사업주에게 고용지원금을 교부하도록 규정하고 있다. 탈북민을 고용한 사업주는 해당 탈북민이 취업한 뒤 1년이 될 때까지는 50만원 범위 내에서, 1년 이후에는 70만원 범위 내에서 혜택을 받을 수 있다. 단, 사업주가 고용지원금 혜택을 3년까지 받기 위해서는 탈북민이 동일 사업장에서 계속 근무하여야 한다. 2009

년에는 고용지원금 지급액이 전년 대비 80% 급증하였다.

[표11] 고용지원금 지급 현황

구 분	2006	2007	2008	2009	2010.10
업체수(개)	378	564	888	1,151	1,357
인원(명)	497	728	1,111	1,489	1,839
지급액(만원)	140,200	224,033	349,457	640,600	691,800

(4) 사회보장 지원

탈북민을 위한 사회보장제도에는 「국민기초생활보장법」에 따라 이들의 소득 인정액이 최저생계비에 미달하는 경우 지원하는 생계급여와 「의료급여법」에 따라 생활이 어려운 탈북민을 대상으로 의료혜택을 지원하는 의료보호가 있다.

생계급여의 경우, 탈북민이 하나원을 수료하고 사회에 나온 뒤 6개월까지는 조건부과를 면제하여 시행하지만, 6개월이 경과한 이후에는 조건부 수급권자로 편성하고 자활사업에 참여하는 것을 조건으로 현금을 지급한다. 한편 생활이 어려운 탈북민과 그 가족은 의료급여법이 정하는 소득 인정액 기준에 따라 의료보호 1종 수급권자로 지정하여 진찰과 치료를 비롯한 의료혜택을 부여한다.

[표12] 2010년 생계급여 지급 기준(최고액)

세대기준	현금급여액	세대기준	현금급여액
1인 세대	42만원	4인 세대	114만원
2인 세대	72만원	5인 세대	135만원
3인 세대	93만원	6인 세대	156만원

4. 탈북민의 경제활동 현황 및 취업실태

(1) 탈북민의 경제활동 현황

탈북민의 경제활동 참가율[4]은 42.6%로 국민 전체 61.1%에 비해 20%가량 낮은 것으로 나타났으며, 고용률은 38.7%로 국민 전체 59.1%에 비해 20%가량 저조하며, 실업률 또한 9.2%로 국민 전체 3.3%에 비해 약 6%가량 높은 것으로 나타났다.

(2) 탈북민의 취업실태

탈북민의 28.4%는 제조업에서 단순노무를 담당하고 있으며 근속기간은 1년 미만이 60%이상인 것으로 나타났다. 또한 이직 사유로 더 좋은 일자리를 찾아서 10% 이상이 이직을 결심한 것으로 나타났다.

[표13] 탈북민의 취업실태

(단위 : %)

산업별	직업별	근속 기간	이직 사유
제조업 28.4	단순노무 20.5	1년 미만 67.5	좋은 일자리 10.8
숙박·음식 17.5	장치·기계 19.6	1~2년 14.4	건강·나이 10.4
도·소매 9.3	판매 11.9	2~3년 7.3	임시직 9.1
공공·수리 9.1	전문가 9.3	3~4년 4.5	소득적음 8.7
서비스 7.5	사무 8.8	5년이상 3.7	근로환경 7.1
보건·복지 6.5	기능원 5.2		불황 6.6
건설·운수 9.7	관리자 3.4		적성 5.4
금융·교육 4.8			거리 5.4
			학업 5, 육아 5

---

[4] 2010년. 한국인권정보센터 [탈북민 경제활동 실태조사]

5. '탈북민취업지원센터'의 운영 현황

(1) 기관설립 목적

탈북민취업지원센터는 탈북민의 안정적인 취업지원과 남북이 더불어 함께 사는 모델 창출, 통일 시대 북한주민의 취업문제에 대한 대책 마련을 위해 설립되었다.

(2) 주요 프로그램

[그림1] 단계별 취업지원 프로그램 내용

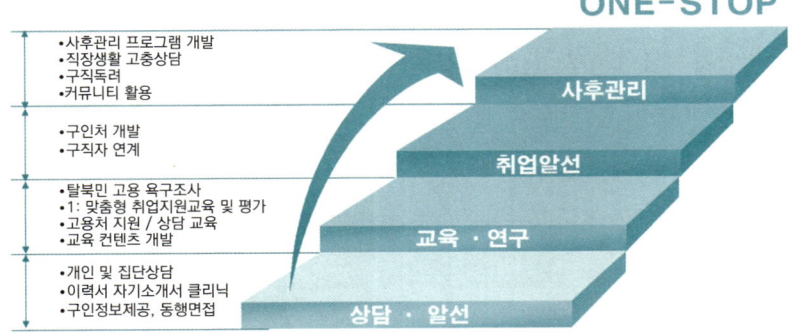

(3) 프로그램의 특징

① 상담부터 사후관리까지 ONE-STOP 프로그램 진행

탈북민의 경력, 학력, 희망, 적성 가치관을 개인별로 고려한 1:1 맞춤형 상담, 진단, 알선, 사후 관리의 취업지원 프로그램을 진행한다.

② 기초직업능력 배양 프로그램

전혀 다른 사회주의에서 온 탈북민에게 부족한 기초직업능력 배양

교육 프로그램으로서 직업세계에 대한 이해, 기업인과 탈북민 선배에게 듣는 직장 이야기, 업무 에티켓, 의사소통기술, 생활 경제, 생활 법률, 탈북민의 인권, 직장인의 자세, 생애 설계, 탈북민의 정신건강 및 스트레스, 이력서, 자기소개서, 면접 시뮬레이션 등의 교육을 통해 남한 사회 직장의 모습을 그려보고 예상되는 문제를 미리 가상으로 경험하고 해결할 수 있는 능력을 배양하는 프로그램이다.

③ **특별프로그램 진행**
- **기업탐방** : 탈북민 채용 의사가 있는 기업을 직접 방문함으로써 시설 및 위치를 확인하고 기업의 대표자로부터 일일 특강을 듣고, 기업의 문화를 이해함.
- **문화체험** : 남한의 문화를 직접 체험함으로써 남북의 동질성 회복 및 공감대 형성에 기여한다.
- **1박2일 MT** : 교육생 상호간의 친밀감을 형성하고 단체생활의 경험을 통해 대인관계 기술 및 의사소통 능력을 향상시킨다.
- **시사토론** : 사회의 이슈가 되는 한 가지 주제를 정하여 각자 조사한 내용을 정리하여 발표하는 시간으로 발표 능력, 말하기 훈련에 유익한 프로그램이다.

(4) 교육 및 취업현황

본 센터는 2007년부터 탈북민의 안정적인 남한사회 정착을 위해 가장 시급한 취업 문제를 심도 있게 고민하고 실천적 대안들을 제시하는 사업을 진행해 왔다. 그 결과 제1기부터 제9기 까지 총138명의 교육생을 배출하였고 59명이 취업에 성공하였다.

[표14] 탈북민취업지원센터 교육 및 취업지원 현황

(단위 : 명)

기수별	교육인원	수료인원(수료율)	결과		
			교육 및 진학	취·창업자(취·창업률)	기타
합계(평균)	138	102 (74%)	19	59 (58%)	5
제1기 (07.10.9.~08.1.9.)	10	10 (100%)	1	9 (90%)	
제2기 (08.2.14.~08.5.16.)	12	10 (83%)	2	5 (41%)	3
제3기 (08.7.10.~08.10.16.)	20	14 (70%)	1	11 (55%)	
제4기 (09.1.6.~09.4.9.)	22	15 (68%)	2	10 (45%)	
제5기 (09.8.17.~09.10.22.)	9	6 (66%)	2	1 (11%)	
제6기 (09.12.1.~10.2.11.)	10	9 (90%)	5	1 (10%)	
제7기 (10.4.26.~10.7.2.)	15	8 (53%)	1	6 (40%)	
제8기 (10.11.8.~10.12.3.)	15	15 (100%)	2	11 (73%)	2
제9기 (11. 2.28~11.3.25)	15	15 (100%)	3	5	알선중

(5) 취업 장애 요인

① 건강 문제

탈북민은 북한에서의 식량난과 탈북과정에서의 열악한 생활여건, 더러는 강제 북송을 당하면서 인간이 상상할 수 없는 극한의 고통과 불안을 경험하였다. 이러한 과정은 심리적, 정서적 문제와 더불어 심각한 건강문제로 이어진다. 건강은 곧 취업문제로 연결되고 취업은 생계를 유지하는 기본적인 문제가 된다. 육체적인 건강뿐만 아니라 심리적, 정서적인 건강도 함께 치유할 수 있는 프로그램이 필요하다.

본 센터의 제10기 교육은 여성가족부 지원으로 취업지원 프로그램 이외에 치유와 성장 프로그램을 병행하여 진행하게 되었다. 심리적, 정서적 문제는 취업 전·후, 직장 적응과 대인관계 문제에 있어 중대한 작용을 하므로 꼭 함께 다뤄져야 하는 부분이다.

② 브로커 비용 문제

하나원 수료 후 탈북민이 받은 정착금의 대부분은 브로커 비용으로 지불되고 임대아파트의 임대료로 들어간다. 기초생활보장금 수혜기간도 3개월로 정해져 있어 당장 취업전선에 뛰어들어야만 하는 실정이다. 뿐만 아니라, 북한이나 중국에 있는 가족들을 데려오기 위한 브로커 비용 마련을 위해 흥미와 적성에 개의치 않고 무조건 돈을 벌어야 하는 부담을 안고 있다. 본 센터 면접 시 왜 취업을 하려고 하느냐고 묻는 질문에 절반가량은 "가족을 데려오기 위해서"라고 답했다.

③ 직업에 대한 정보 부족

정부는 탈북민의 자활과 자립을 위해 직업훈련 장려금(최고 240만원)과 자격취득 장려금(1회 200만원)을 지급하며 우선선정직종 또는 1년 이상의 직업훈련을 마치면 200만원의 장려금을 추가로 지급하고 있다. 탈북민은 남한에 대한 직업 정보 없이 북한과 같을 것이라고 믿고 관심 있는 자격증을 취득하게 된다. 정착 초기에 보통 1~2년 동안은 학원 다니는 시간으로 보낸다. 그러나 적성에 맞지 않거나 나이와 경력의 높은 장벽에 갇히게 된다.

실제로 본 센터 교육생을 상담해 본 결과 만만치 않은 시간을 투자해서 취득한 자격증이 쓸모없는 장롱 자격증으로 전락한 경우가 많았고, 센터의 취업지원 교육을 통해 본인의 적성을 파악하고 직업정보를 제공받은 후에 다시 학원을 다녀야 하는 불필요한 자격증이 많이 있었다. 한 교육생은 이러한 정보를 미리 알았다면 2년의 시간을 낭비하지 않았을 것이라는 안타까움을 나타내었다.

④ 경력과 직무능력 부족

자격증만 취득하면 취업이 보장 되는 줄 알고 어렵게 자격증을 취득하게 되지만 곧이어 '경력'이라는 장벽에 부딪친다. 취업에 있어 '자격증'과 '경력'은 두 개의 날개라고 볼 수 있는데 한쪽 날개를 잃어버린 것이다. 전혀 다른 체제에서 살다 온 탈북민을 남한의 기업인이 무조건 흔쾌히 받아 줄 리가 없다. 자격증은 기본이고 경력을 요구하는데 탈북민이 관련 업무 경력이 있을 리가 만무하다. 본 센터에서는 이를 위해 상담 시 북한이나 제3국에서의 경력을 최대한 이끌어 내어 유사업무 경력이나 자원봉사 등의 기회 제공을 통해 경력을 관리할 수 있도록 하고 있다.

⑤ 기초생활 수급권 상실에 대한 두려움

탈북민이 정규적인 일자리를 얻지 못할 뿐만 아니라, 얻지 않는 이유 중 기초생활 수급권 상실에 대한 두려움을 들 수 있겠다. 기초생활 수급액이 1인 기준 43만여원 되는데 취업해서 월100만원 급여를 탄다 해도 4대 보험금을 공제하고 교통비, 식비 제외하면 손에 쥐는 돈은 얼마 되지 않는다. 그래서 차라리 수급권을 유지하고 아르바이트 등, 비정규직을 통한 일자리를 선호하므로 경력관리에 문제가 생겨 추후 정규적인 일자리를 얻는데 큰 도움이 되지 못하는 실정이다.

⑥ **여성의 육아 문제**

남한 사회에서도 마찬가지지만 여성의 취업과 관련하여 '육아'문제는 탈북 여성들이 5년의 정착기간 내에 지급 받을 수 있는 취업지원 장려금 수급에 문제를 가져온다. 영·유아를 양육하거나 초등학교 저학년의 자녀를 둔 여성들은 보육시설의 부족과 이른 출근과 늦은 퇴근 시간에 맞춰 자녀를 맡아 줄 보육시설을 찾지 못해 직업훈련과 자격증 취득을 비롯한 취업을 유보한 상태에서 5년의 정착기간을 지난다.

⑦ **남한 사람들의 편견**

탈북민들에게 가장 큰 좌절을 안겨 주는 것은 교육기관의 부재도, 언어의 차이도 아니다. 탈북민이라고 백안시하는 남한 주민들의 편견이다. 향후 탈북민의 인구는 더욱 증가할 것이고, 이들을 외부인 취급하는 시선이 사라지지 않는다면 국가발전에 저해요소로 작용할 수도 있다. 진정한 세계화로 나아가기 위해 먼저 우리 동포부터 감싸 안는 선진 시민의식이 필요한 때이다.

(6) 탈북민의 안정적인 취업을 위한 제언

남한사회에서 열심히 일해서 성공하려는 탈북민의 꿈은 그 시작 단계에서부터 많은 어려움에 봉착하게 된다. 구직이 쉽지 않은 조건에서 진학이나 직업훈련을 통해 구직에 필요한 직업기술을 갖추며 정부의 지원금과 비정규적 수입에 의존하기도 한다. 취업 후에도 직장 내에서 언어 차이로 인한 갈등, 컴퓨터와 영어 등 직무능력으로 인한 문제, 남북한의 노동 강도와 노동 규율 차이로 인한 갈등, 무관심과 경쟁

주의가 만연한 남한의 직장 문화로 인한 갈등, 남북한 사람들 간의 의사소통 방식의 차이, 남한 사람들의 편견과 부정적 태도 등으로 인한 갈등을 겪는다.

따라서 탈북민의 안정적인 취업을 위해 다음과 같은 제언을 하고자 한다.

첫째, 직업훈련, 취업, 교육, 상담, 외상 후 스트레스 치유 등이 별개가 아닌 하나로 모아져 ONE-STOP으로 진행되어야 한다. 내면의 상처를 다루는 문제도 함께 병행해 나가야 한다. 치유되지 않은 내면의 상처는 취업 이후의 직장 내 대인 관계와 의사소통에 있어 문제를 야기 시킬 수 있기 때문이다.

둘째, 남한사회에 안정적으로 정착한 탈북민 출신 전문가 그룹을 양성하여 향후 북한의 발전을 위하여 필요한 인적자원의 동력을 준비해야 한다. 한국에서 교육받은 탈북민 전문가들이 정치, 경제, 사회, 문화 각 영역에서 리더가 되어 통일의 그날에 한반도 변화의 주역이 될 수 있도록 교육과 취업에 물심양면으로 지원해야 한다. 탈북을 결심할 정도의 강한 정신력과 결단력, 용기, 삶에 대한 강한 의지와 열의는 향후 통일시대의 주역으로 손색이 없는 탈북민의 큰 자산이다.

셋째, 남한사회에서 태어나 교육을 받은 사람들도 취업을 못하고 있는 현실에서 어떻게든 남한사회에 정착하고자 최선을 다하고 있는 탈북민들이 실패할 지라도 다시 재기할 수 있는 기회를 주고 넉넉한 마음으로 지켜보는 여유가 필요할 때이다.

끝으로, 탈북민의 경제적인 적응은 남한 사회에서 어느 정도의 경제적 여유를 가지고 사느냐의 문제만이 아니라 그들이 남한 사회에 소속감을 가지고 그 사회 일원으로 받아들여져 살아가고 있다는 느낌 등 심리적·사회적 적응 전반에 큰 영향을 끼치고 있다는 점을 주목할 필요가 있다. 따라서 탈북민의 경제적 자립 의지와 능력을 효율적으로 높이는 일은 그들의 남한 사회 적응 전체를 위하여 매우 핵심적인 의미가 있다. 탈북민이 성공적으로 남한 사회에 정착하고 남한 사회 발전에 긍정적인 기여를 한다는 인식은 남한 사람들로 하여금 통일에 대한 긍정적인 태도를 갖게 하며 북한 사람들 입장에서도 탈북민이 남한 사회에서 어떠한 대우를 받았는가 하는 것은 그들의 남한에 대한 태도와 통일에 대한 생각에 큰 영향을 미치게 된다고 볼 수 있다.

　반세기가 넘는 분단으로 이질화 되어 있는 남북한이 통일 이후에 함께 살게 되는 새로운 통일 사회에서 어떤 현상들이 나타날 수 있는지 미리 예견하고 준비하는데 취업지원은 중요한 의미가 있다고 볼 수 있다.

제4장

탈북민의 이해와 목회

통일, 우리는 이렇게 시작했습니다

4.1. 제1기-통일을 위한 하나님의 소명
(임용석 목사)

4.2. 제2기-통일선교위원회 사역을 돌아보며
(정반석 목사)

4.3. 제3기-통일이 꿈꾸는 교회
(김영식 목사)

4.1. 통일을 위한 하나님의 소명

임용석 목사

하나님의 부르심을 소명이라고 합니다. 소명은 땅에서 만들어지는 것이 아니라 하늘에서 울려 퍼지는 하나님의 명령입니다. 이 시대를 사는 우리에게 통일은 소원입니다. 그러나 특별히 이 시대를 살고 있는 그리스도인에게는 통일은 소명이며 숙명입니다.

마찬가지로 저에게도 통일은 하나님의 소명이며 숙명입니다. 그래서 하나님께 순종하면서 통일의 길을 걷고 있습니다. 나의 삶을 반추(反芻)하면서 뒤돌아 볼 때, 생사를 뛰어넘어 이 땅에 온 북한 동포들과 함께 만나고 교제한지 어언 15여년이 지났습니다.

그 가운데 남서울은혜교회 통일선교위원회 초대 목사(2001~2006년)로서 섬겼던 것이 하나님께서 저에게 주신 복이며, 큰 영광스러운 자리였습니다. 그 섬김의 열매로서 지금은 의정부에서 북한 동포들과 함께 "통일을 준비하는 교회"라는 캐치프레이즈를 걸고 한꿈교회를 개척하였습니다. 그래서 북한 동포들과 함께 남북한 교회 공동체를 이루고 있습니다. 앞으로 우리 교회가 통일 한국을 위해 교회가 감당해야할 역할에 대한 귀한 공동체 모델이 되기를 기대하고 있습니다.

바울이 목회사역에서 힘들 때마다 빌립보교회를 생각하면서 힘을 얻고, 기쁨을 회복했던 것처럼 제가 남서울은혜교회 통일선교위원회를 섬겼던 일들을 생각할 때 감사와 찬양이 나옵니다.

남서울은혜교회 통일선교위원회는 남북나눔운동과 함께 북한 어린이들의 영양식을 공급했고 연해주 감자 농사를 지원해 연해주의 고려인들과 북한 동포들에게 식량을 공급하는 일을 했습니다. 그리고 황해도 봉산군 천덕리에 농촌주택을 짓는 일에도 도움을 주었습니다. 그런가 하면 탈북 동포들을 섬기는 일을 통해 그들에게 삶의 희망을 주고 있습니다.

이곳에 온 북한 동포들이 정착할 때 가장 크게 부딪히는 문제는 그들의 자녀들에 관한 문제입니다. 이 땅의 아이들과 함께 북한 아이들이 동등하게 살아 갈 수 있다는 것, 그것이 우리의 희망입니다. 이 문제를 위하여 기도하는 가운데 탈북 청소년 대안학교인 '여명학교'를 설립하였고, 지금은 우리나라 최초로 고등과정 정부인가 탈북자 대안학교로 자리 잡았습니다.

대한민국 사회에서 북한 사람들이 살아가는 것에서 또 다른 과제는 취업문제입니다. 이 일을 위해서 남서울은혜교회 통일선교위원회에서는 '탈북민취업지원센터'를 만들어 운영하면서 많은 북한 동포들을 취업 시키는데 성공하고 있습니다. 그래서 이분들이 교회에서 잘 양육되어서 교회의 기둥이 되어 잘 섬기고 있습니다.

특별히 통일선교위원회에서 북한 동포들과 함께 하면서 눈물과 아픔, 그리고 기쁨과 환희가 있었습니다. 그들의 아픔을 보면서 우리민족의 역사적 비극을 보게 되었습니다. 또한 그들의 기쁨을 통해 우리민족의 소망을 보았습니다.

지금은 제가 섬겼던 북한 동포들이 믿음으로 잘 성장하고 성숙하여서 남서울은혜교회에서 중심적인 역할을 하면서 통일을 잘 준비한다는 이야기를 들을 때마다 정말 기쁩니다. 제가 북한 사람들을 통한 통일에 대한 가능성을 경험한 것은 큰 축복입니다.

이 모든 일들이 하나님께서 남서울은혜교회 통일선교위원회에 주신 열매들입니다. 통일이 되는 그날이 우리 앞에서 펼쳤을 때 우리가 뿌린 이 조그마한 씨앗들이 자라 꽃과 멋진 열매를 맺을 것을 기대합니다.

통일은 하나님께서 우리에게 주신 소명입니다. 앞으로 하나님께서 우리에게 주신 숙제 "통일"을 이루는데 남서울은혜교회 통일선교위원회가 더욱 귀하게 쓰임받기를 기도합니다.

"나는 심었고 아볼로는 물을 주었으되, 오직 하나님께서 자라나게 하셨나니"(고전 3:6)

4.2. 통일선교위원회 사역을 돌아보며

정반석 목사

　사람으로서 가져야 할 기본적인 권리는 사랑을 하고, 행복을 경험하는 자유를 누리는 것일 것입니다. 그 자유는 어느 정도의 구속을 받아도 억압이라고 느끼지 않는 인간의 기본적인 권리입니다. 북한은 태어날 때부터 인간으로서 누려야 할 이러한 보편적 권리와 자유권에 대해서 가르치지도, 알려주지도 않습니다. 북한의 완전통제구역이라는 곳에서는 출생해서 사랑과 행복이란 단어도 들어보지도 못한다고 증언되고 있습니다. 그런데 기적이 일어났습니다. 하나님께서 이 세상에서는 알 수 없고 쉽게 발견할 수도 없는 영원한 사랑과 자유를 북한 땅에도 주시기 위해 예수님의 은혜를 받은 사람들이 하나로 연합하도록 역사하셨습니다. 신기하게도 이러한 시작도 하나님께서 하나님의 방법과 역사로 이루셨습니다. 하나님께서 완전폐쇄구역의 북한 땅으로부터 북한 동포들을 빼어 내시고, 이역만리의 강과 바다를 지나 자유 대한민국으로 보내셨습니다. 그리고 통제되고 격리된 북한으로부터 살아남은 이분들을 통해서 한국 교회가 먼저 그 땅의 소식을 듣고 회개하고 민족 구원을 위해 기도한 느헤미야처럼 다시 일어날 수 있도록 기회를 주셨습니다. 한국 교회가 통일과 북한 선교를 위해 기도만하고 구체적으로 준비하지도 않고, 방법도 모르는 때에 북한 동포들을 보내시고 구체적인 통일을 준비하도록 역사하셨습니다.

저는 매 주일마다 한국의 탈북 동포 가정에서 탈북민들과 함께 주일 예배를 드리며 복음 한국, 선교 한국, 통일 한국을 꿈꾸며 사역하던 중 남서울은혜교회의 통일선교위원회 사역을 2007년부터 약 2년여 기간 동안 섬기게 되었습니다. 이 기간을 통해 저는 교회가 꿈꾸는 통일 한국에 대해서 많은 것을 배우게 되었고 경험하게 되었습니다. 당회와 담임목사님을 비롯한 모든 성도가 하나 되어 구체적인 통일 사역을 이미 시작하고 있었고, 통일선교위의 초기 위원회 위원들과 교역자가 하나 되어 교회가 준비하는 통일 사역을 벽돌을 쌓듯이 잘 전개하고 있었습니다. 통선위는 장차 하나님께서 부으시고 채우실 통일 항아리를 미리부터 잘 빚어서 탈북민 사역의 불모지인 한국 교회에 통일 선교의 마중물을 내리고 있었던 것입니다.

탈북 동포들은 북한에서 통제를 받으며 유물론에 의한 물질주의 사고를 교육받았고, 현실적이고 이기적인 구조에서 살았기 때문에 영적인 것을 기대할 수 없다는 편견에도 불구하고 탈북 동포들이 통선위의 사역을 통해 성령의 역사를 체험하면서 그리스도인들의 행동을 보고 그리스도인이 되었다고 고백하였습니다. 그런 측면에서 통선위의 위원장님을 비롯한 각 위원과 자원한 성도들의 진솔한 섬김과 나눔은 탈북 동포들에게 영적 성장의 버팀목이 되었고 큰 오아시스가 되었던 것입니다.

또한 교회 전체가 탈북 동포들을 이해하고 목장과 교구에 편입을 시도함은 남과 북이 하나 되어 통일을 준비하는 좋은 계기가 되었습니다. 주일마다 나누는 하나님의 사람들의 인격적인 만남과 교제, 탈북 동포들과 교류하려는 청년 통선위의 적극적인 헌신과 공동체 모임, 맞춤형의 직장과 일자리를 위한 취업지원센터 설립, 한 성도의 안정적인 취업과 직장 적응을 위해 수년 이상 인내하면서 애정을 쏟는 장로님들과 각 위원님들의 헌신, 바쁜 직장과 많은 스케줄이 있음에도 탈북민 학생·청년을 만나 위로하고 기도하며 함께 기도 제목들을 나누시는 귀한 교사들을 통해서 부족한 저는 늘 겸손을 배우고 많은 하나님의 은혜를 경험하였습니다.

어떤 개인의 능력이 평가를 받고 드러나는 것이 아닌 겸손하고 은밀한 섬김과 헌신은 하나님나라 백성의 모습이요, 우리가 가야 할 북한 땅에서 미리 맛보는 시원한 음료인 것처럼 느껴졌습니다. 특별히 탈북 동포와 북한 구원을 위한 정기적인 통일선교위원회 공동체 예배와 기도회를 통해서 하나님의 권세가 그 땅을 변화시키고 생사의 기로에 선 현장의 탈북 동포를 구하는 기적이 끊임없이 일어났습니다. 탈북 동포와 함께 하는 예배는 오히려 한국 성도들에게도 은혜가 되었습니다. 탈북 동포들과 북한에 남은 가족과 자녀들을 위해 기도하는 것은 한 가족만의 문제가 아닌 우리 가까운 형제, 친척과도 같은 내 이웃의 문제이고 민족 전체가 하나 되게 하고 연합하기 위한 우리 모두의 기도제목입니다.

통일선교위원회는 물량 지원이나 수적·양적 부흥이 아닌 하나님의 임재와 인도를 따라 한 사람, 한 가정의 변화와 거듭남과 회복을 위해 기도하고 돌봅니다. 그리고 남측 성도가 북측 성도에게 일방적으로 주고 베푸는 것보다는 오히려 하나님께서 북측 성도를 통해 남측 성도에게 은혜를 더 주기도 하였습니다. 북한 사역과 통일 준비는 하나님께서 믿음으로 행하는 하나님의 사람들 위에 역사하고 있음을 알 수 있었습니다. 실제로 그러한 하나님의 기적과도 같은 역사를 경험하고 나누는 탈북 성도들이 많았습니다. 심방을 통해서 더 구체적으로 북한 구원과 통일 선교의 중요성을 알아가고, 위기에 처한 탈북 동포를 위해 함께 기도하고, 아무 안전사고가 일어나지 않도록 함께 노력하기도 하였습니다.

보람되었던 것은 탈북 동포가 겪는 제3국의 현장과 한국에 입국한 탈북민의 삶의 현장에서 경험한 일들을 정리하여 기록하는 일이었습니다. 그리고 정리되고 보완된 내용들을 가지고 탈북 동포들을 처음 대하는 신입위원들에게 10주 과정의 교사양육반을 실시하였고, 탈북민 양육 교사를 자원하는 위원은 그 과정을 마친 후에 교사로서의 역할을 감당하게 하였습니다. 봉사를 자원하는 교사의 북한에 대한 관심과 개인의 은사가 처음 교회를 방문한 탈북 동포의 북한에서의 경험과 정서를 고려하지 않고 너무 일방적이거나 주입식으로 전달하는 방식을 지양하기 위해서였습니다. 하나님 말씀과 복음의 능력이 탈북 동포에게 혼돈되거나 거부감이 없이 적용되고 전해지는 연습이 반드시 필요하기 때문입니다.

통일 선교 사역의 사역자나 헌신자들은 공동체의 질서 안에서 자신이 미리 경험한 사역들을 함께 나누고 공유하는 것이 매우 중요합니다. 그래서 교역자나 위원회의 리더의 사역을 기록으로 남기는 것이 중요한데 이전의 교역자와 위원회의 위원들이 이런 면에서 잘 남겨주심에 대해서 매우 감사하게 생각합니다. 향후 한국 교회의 통일 선교 사역을 위해서 다양한 경험들이 기록되고 주제별로 잘 정리되어 통일 사역을 원하는 한국 교회로 잘 전달되기를 기도합니다.

심방을 하다보면 피심방자의 주변의 더 많은 탈북 동포들을 만나게 되거나 알게 되는데, 많은 중보와 도고(딤전 2:1), 그리고 헌신을 필요함을 절실하게 느꼈습니다. 탈북 동포들의 한국 생활 적응 과정의 생활 습관, 탈북 여성들의 자녀 교육에 대한 고충, 정신적인 스트레스와 건강 문제, 탈북민 자녀들의 학교에서의 왕따와 부적응, 탈북 청년·대학생들의 학업과 친구 문제, 중국에서 도움을 기다리는 가족들, 북한으로부터 오는 안타까운 사연들 등 쉽지 않은 기도 제목들이 많이 나왔습니다. 그런 사연들과 기도 제목들을 접할수록 교회의 공동체가 매우 귀함을 알 수 있었습니다.

탈북 동포와 함께하는 사역은 다문화를 이해하고 돌보는 것과는 차원이 다르다고 봅니다. 탈북 동포의 복음적인 한국 교회의 정착은 통일을 대비하고 그 땅의 회복을 가늠할 수 있는 다림줄입니다. 탈북 동포의 안정적이고 신앙적인 정착은 먼 미래의 통일이 아닌 가까이 다가온 통일 한국의 예표입니다. 하나님의 임재는 하나님의 백성이 머무는 곳에 역사하시기 때문에 복음을 믿고 예수님을 영접한 사람만이 북한에 들어가서 온전한 삶으로 나타날 때 세워질 것이기 때문입니다. 그래서 우리는 이 땅에 보냄을 받은 탈북 동포들을 자주 만나 그 땅의 소식을 들어야 하고 성령 안에서 나눔과 연합의 연습이 필요합니다.

통일 선교 사역은 반세기 이상 주체사상과 유일사상에 의해 고착된 북한 땅의 어두운 영과 흑암의 권세를 하루라도 빨리 예수 이름과 권세로 결박하고 끊어버려서 그 땅의 백성에게도 참 자유와 구원을 얻게 하는 것입니다. 이 모든 일들을 하나님께서 직접 개입하셔서 이루시는 구원이 될 수 있도록 우리가 미리 준비되어야 합니다. 북한은 북한 사람만이 가는 곳이 아니고 남과 북이 함께 연합하여 들어가야 하기 때문입니다.

요즘 종합편성방송 채널A에서는 매 주일 밤 11시에 '이제 만나러 갑니다(이만갑)'라는 프로그램이 방영되고 있는데 한국에서 잘 정착하고 성공한 탈북민들의 간증이 마지막 부분에서 소개됩니다. 그 가운데는 한국에서 좋은 친구를 만나 예수님을 영접하고 학업을 잘 감당한 학생, 좋은 이웃 아줌마의 관심과 사랑으로 직장에 잘 적응하고 있는 탈북 아줌마, 직장에서 열심히 노력하고 성실함으로 인정을 받아 스스로 사업을 개척하여 성공한 탈북 여성 사업가 간증도 나옵니다. 하나님께서 북한 동포들 안에 성공적인 통일을 위해 많은 은사와 비밀한 계획들을 감추어 놓으셨습니다. 그래서 이렇게 공개적으로 엄청난 일들을 일으키면서 한국 교회와 국민들에게 곧 이루실 통일을 대비하라는 사인을 주고 계십니다.

   통선위의 사역은 엘리야의 기도와 같습니다. 엘리야가 먼 산 위에 조그만 구름 한 조각을 보고 간절히 기도하니 하나님께서 수년간 가뭄이 들었던 땅에 큰 비를 내리셨습니다. 통일선교위원회로 보내진 통일의 작은 한조각 구름들이 성령 안에서 큰 구름으로 모아지면 통일을 주시는 큰 단비를 한반도에 내리실 줄로 믿습니다. 또한 한국의 모든 탈북 동포들이 각각의 영역에서 구원의 기쁨과 감격으로 승리하는 삶을 살고 성공적인 정착을 잘 이뤄나갈 때 예수님의 사랑과 자유를 북한 주민들에게 잘 전하는 축복의 통로가 될 줄로 믿습니다. 「통일, 우리는 이렇게 시작 했습니다」를 통해서 실제로 두 막대기를 취하여 하나로 되게 하실 하나님께 이 모든 영광을 올려드립니다. 아멘.

4.3. 통일이 꿈꾸는 교회

김영식 목사

저는 2009년 3월부터(정식부임 날짜는 4월) 남서울은혜교회 통일선교위원회(이하 통선위) 지도목사로 부임했습니다. 그 이전에 수원중앙침례교회에서 청년부를 담당하고 목사안수를 받은 후 목사로서 첫 번째 사역지이면서 북한관련 실무 사역 첫 부임이었습니다. 목사 초년병이며 북한 사역을 준비했지만 실제로 처음 시작하는 것이라서 얼마나 긴장하고 부담이 되었는지 모릅니다. 하지만 하나님의 치밀하신 인도하심을 믿고 기도하면서 부임했습니다. 벌써 4년이 흘렀습니다. 정말 빨리 지나갔습니다. 그러는 사이 우리 통선위 사역이 10주년을 맞이하면서 이렇게 10주년을 정리하고 앞으로 다가 올 통일 시대를 준비하는 것이 대단히 의미 있는 일이라고 봅니다.

처음 부임했을 때 통선위의 모습은 남북이 함께하는 공동체의 성격을 가지고 있었습니다. 당시 위원장이었던 장형옥 장로님은 통선위에 영적 제자, 통일 공동체라는 비전을 제시하였습니다. 이러한 방향성은 통선위 모임에 매우 바람직한 방향성을 제시해 주었고 한 마디로 남북이 하나 되는 교회로 성장하기에 적합한 비전이었습니다.

하지만 실제의 모습은 달랐습니다. 통선위 안에 남북이 여전히 갈라져 있었습니다. 남한 성도들은 탈북 성도들을 가르치는 입장이었고, 탈북 성도들은 가르침을 받는 입장이었습니다. 다시 말해서 탈북 성도 출신의 리더십을 제대로 볼 수 없었고, 또한 남한 출신 성도들에게서는 탈북 성도들을 신앙적으로 돌보면서 여러 가지 문제들로 인하여 탈진을 경험한 사람들이 간혹 보였습니다. 이래저래 목사인 저에게 양쪽의 성도들이 이런저런 불만을 토로하였습니다. 저는 분단선 위에 서서 양쪽의 목소리를 듣는 일로 일 년을 보낸 것 같습니다. 이것은 매우 흥미로왔지만 더 이상 두고 볼 일은 아니었습니다.

그래서 저는 그 때부터 이런 말을 설교 중에 자주 하였습니다.

"우리 통선위는 탈북민 부서가 아닙니다! 이곳은 엄연히 남북 성도가 함께 신앙생활을 하고 있는 공동체입니다. 그러므로 우리는 '함께 함'이라는 말을 늘 마음에 새깁시다!"

그리고 탈북 성도 리더십을 구성하기 위해 처음으로 제자반을 운영하였습니다. 훈련 없이 결코 성숙한 영적 리더는 없음을 알리고 훈련 받은 사람만이 소그룹의 리더로 임명받을 수 있다고 하였습니다. 통선위 리더들 모두 찬성하였고 약 4개월 정도 준비하여 지금까지 제자반 3기를 모두 진행하였습니다. 설교 중에 자주 이야기한 것은 우리가 정말 하나라는 사실을 주지하기 위함이었습니다. 하나가 되는 것은 어렵지만 하나라는 사실은 피할 수 없습니다. 예수님을 믿고 구원을 받았지만 예수님을 닮아가는 것은 평생인 것처럼 통일도 마찬가지입니다. 그러므로 우리 안의 인식을 바꾸지 않는 한 결코 통일 선교 사역은 꿈도 꿀 수 없었습니다. 새 포도주를 새 부대에 담는 지혜가 필요했던 것입니다. 또한 제자반은 탈북 성도들에게도 누군가를 영적으로 돌보며 재생산 할 수 있다는 용기와 가능성을 보여 주고 싶었던 사역이었습니다.

이러한 계획은 성령님의 인도로 변화를 가져다주었습니다. 제자반을 통해 소그룹 목장의 3명의 리더가 탄생하였습니다. 목장 안에는 교수, 사장 등 이 사회의 상류층에 계신 분들도 있었지만 그것은 큰 장애가 되지 않았습니다. 통선위에서 탈북 성도 목자가 소그룹을 인도하면 이미 통일 연습을 해 온 구성원들로 인하여 다른 목장에서는 볼 수 없는 진지함과 웃음, 그리고 기도가 있었습니다. 탈북 성도 목자가 성경을 조금 모르면 남한 성도가 대신 설명해 주는 것이 목장 안에서는 자연스러운 것이었습니다. 신규 서리집사를 추천할 때도 제자반을 필수 훈련으로 하여 아무나 집사로 세우지 않았습니다. 교회를 오래 다녔다고 해서 집사를 준 것이 아니고 적어도 으리 교회에서 신규로 집사를 받는 탈북 성도들에게는 철저하게 일 년의 훈련 과정을 통과한 후 집사로 세웠습니다. 이제 이런 모습은 당연시 하고 있습니다. 교회 오래 다녔는데 왜 집사를 안 주는가하는 요구는 아예 통하지 않습니다. 적어도 훈련을 통해 그룹을 이끌어 갈 수 있는 리더로서의 초보를 걸을 수 있는 역량을 가져야 합니다.

저는 이것이 탈북 성도님들께 자존감을 높여주는 것이라고 확신합니다. 한국 교회에서는 탈북민들에게 재정적인 지원을 해서 영적 양육보다 지원 유지를 통한 교세 확장을 도모해 왔습니다. 이것이 얼마나 부끄러운 일입니까? 교회가 할 수 있는 가장 강력한 일은 복음증거와 기도입니다. 이를 통해 영적 리더십들이 즌비시켜 북녘을 영적으로 책임질 하나님의 전사들을 지금 탈북민들을 통해 이루어 나가는 것이 교회가 꿈꾸는 통일 준비입니다. 이 과정에서는 자연스럽게 남북이 함께 함을 경험하게 됩니다.

저는 요즘 '통일이 꿈꾸는 교회'라는 비전을 품고 있습니다. 교회가 꿈꾸는 통일이라는 말은 교회가 어떻게 하면 통일을 준비할 수 있을까라는 것을 의미합니다. 그런데 막상 교회가 할 수 있는 통일 준비는 그리 많지 않습니다. 탈북민마저 없었더라면 더더욱 교회가 할 수 있는 통일은 오직 기도뿐이었을 것입니다. 하지만 기도로 통일을 시작할 수는 있겠지만, 기도만으로 완성할 수는 없습니다. 그래서 통일이 꿈꾸는 교회는 앞으로 다가올 통일 시대에 세워질 교회의 모델을 마련해 보는 것입니다. 통일 시대를 완성해 나갈 그리스도인들의 역할을 통해서 말입니다. 저는 이러한 사역이 지금 우리가 함께 뒹굴고 있는 통일 선교 공동체를 통해 이루어 질 것이라고 믿습니다. 지금은 여전히 서툴고 고민도 많고 힘든 진행형입니다. 개척의 시대입니다. 하지만 이 시대를 지나면 반드시 통일이 필요로 하는 교회가 요동하고 탄생할 것입니다. 바로 그 교회! 통일 시대 수많은 사람들이 필요로 하는 교회가 지금 우리들의 씨름에서 탄생할 것입니다. 연습하지 않으면 결코 승리할 수 없습니다. 지금의 우리 통일 공동체의 연습은 미래의 통일 시대에 가장 좋은 역할을 해 내리라고 확신 합니다.

남서울은혜교회는 통일이 꿈꾸는 교회입니다. 통일 선교 공동체를 통해 이미 남북이 통일을 시작하고 있는 아름다운 신앙생활을 통해 하나님은 복음적 평화 통일을 우리에게 맡기실 것입니다!!!

통일, 우리는
이렇게
시작했습니다

제5장

윗동네, 아랫동네 사람들이
함께 사는 이야기

통일, 우리는 이렇게 시작했습니다

5.1. 변화와 감사

5.2. 고백과 기도

(지난 10년간 만남과 나눔에서 발췌한 간증문 중심으로 편집)
(남북이 하나되는 이야기 원고를 일부 포함)

5.1. 변화와 감사

2002년 「만남과 나눔」 권두언

「만남과 나눔」[1]의 장을 열면서

정일남 집사

우리는 모두 만나고 나누기 위해 태어났습니다. 태어나면서 부모를 만나고 형제, 친척, 이웃, 그리고 조국을 만납니다. 자라면서 친구를 만나고 스승을 만나고 배우자를 만납니다. 만나서는 물질을 나누고 또 표정, 말, 정, 그리고 사랑을 나눕니다. …… 통일후원부는 우리 교우와 이북 동포들이 만나기 위해 만들어졌습니다. 우리가 서로 만나서 반세기동안의 단절을 뛰어넘고 서로의 상처를 치유하기 바랍니다. 결코 쉬운 일이 아니지만 실망하지 않고 계속 노력해야합니다. 자라온 환경이 다르고 이념과 사상에 차이가 있더라도 더불어 살기 위해 서로 용납해야 합니다. 그래서 조국 통일의 꿈을 키워야 합니다. 민족의 동질성을 회복해야 합니다. 그 사명을 함께 감당해 나가기 원합니다. 이 일은 우리의 힘으로만 되는 것이 아니라는 것을 잘 압니다. 하나님의 섭리가 있어야 하는 일입니다. 그래서 이 모임을 통하여 우리가 함께 예수님을 만나기를 원한답니다. 우리 구세주 예수 그리스도의 십자가 사랑을 느끼고 함께 나누기 원합니다. 피를 흘리고 목숨을 바쳐서 이룩한 사랑입니다. 이 땅에서 태어나고 이 시대를 살아가는 우리 삶의 의미를 찾는 일이기도 합니다.

　우리는 서로를 이해해야 합니다. 그러기 위해서 만남과 대화가 필요합니다. 그래서 우리 교회의 홈페이지에 통일후원부의 홈페이지를 설치(지금은 보안문제로 폐쇄)했습니다. 여러 사람이 방문하고 글을 올려주어서 감사합니다. 그러나 그것으로 충분치 못합니다. 홈페이지 방문이 쉽지 않은 분도 계시기 때문입니다. 화면에서 잠깐 보고 사라지는 장(場)보다 더 긴밀한 만남을 위해 새로운 공간을 마련했습니다. 바로 이 「만남과 나눔」의 공간입니다. 누구나 활용할 수 있는 공간입니다. 많이 찾아오셔서 여러 형제자매들을 만나고 인사를 나눕시다. 자기 생각을 이야기하고 다른 사람의 생각을 읽기 바랍니다. 미래에 대한 밝은 꿈을 함께 키워나가기 원합니다. 받는 것은 기분 좋은 일입니다. 그러나 나누어 주는 것은 더욱 즐거운 일입니다. 행복감이 밀려오기 때문입니다. 물질만 나누어 주는 것은 아닙니다. 물질이 없는 사람이라도 나누어 줄 수 있는 것은 많습니다. 시간을 나눌 수 있습니다. 사랑을 나눌 수 있습니다. 예수님은 이웃을 위해 목숨을 버리는 것이 가장 큰 사랑이라고 했습니다. 우리 서로 그리스도 안에서 만나고 함께 그리스도의 사랑을 나눕시다. 만남과 나눔을 가꿉시다.

---

1) 「만남과 나눔」은 남서울은혜교회 통일선교위원회가 통일후원부-는 이름으로 존재하던 2002년 6월에 창간되어 현재까지 발행되면서, 탈북민들이 남한 사회에 보다 성공적으로 적응하고 정착하는데 필요한 여러 방면의 정보들을 나누는 소식지로서, 다른 한편으로는 탈북민들과 남한의 위원들의 보다 전면적이고 지속적인 만남을 위해 서로의 생각과 느낌을 진솔하게 나누는 교류의 장으로써 중요한 기능을 담당해왔다. 10여년이 지난 지금 2002년 당시 통일후원부 부장직을 맡고 있던 정일남 집사(당시 직분)의 권두언 "만남과 나눔의 장을 열면서"에서 밝힌 발간 취지를 재조명해 본다.

2002년 「만남과 나눔」 인터뷰 중에서

고난은 우리를 향한 하나님의 영적 축복입니다

2002년 안수집사의 직분으로 통일선교위원회와 인연을 맺으시고, 이후 7년 동안 양육부장, 부위원장, 위원장을 역임하시면서 통일선교위원회를 섬겨 오신 곽종훈 장로님이 2009년에 새로운 부서를 담당하시게 됨에 따라 통일선교위원회를 떠나시게 되었습니다.

늘 깊은 기도와 말씀으로 통일선교위원회의 영적인 기둥이 되어주셨던 곽 장로님에 대한 감사의 마음과 아쉬운 정을 담은 〈만나 인터뷰〉로 그 동안의 사역 소감과 통일선교위원회 가족들에 대한 당부의 말씀을 듣는 자리를 마련했습니다.

〈만나 인터뷰〉

1. 장로님께서 맨 처음 통일선교위원회에 오셨을 때의 상황이나, 오시게 된 계기, 오시면서 뜻하신 바는 어떠한 것이었는지에 관해 말씀해주셨으면 합니다.

제가 2002년에 안수집사로 피택되었고, 그 해 연말 제가 섬겨야할 부서로 통일선교위원회 양육부로 지정되었습니다. 그 소식을 처음 접할 때, 다소 놀랍기도 하고 무엇인가 중요한 직책이 저에게 주어진 것이라는 느낌을 강하게 받았습니다. 그 이전에는 막연히 우리 세대의 민족적 과제이자 소원인 통일을 위해 무엇인가 해야겠다는 생각과 우리 교회에 탈북민 몇 명이 출석하고 있다는 것 밖에 특별히 아는 것이 없었습니다.

원래 우리 교회는 2001년부터 탈북민 3명이 출석하기 시작하면서 그들을 돌보기 위한 부서로 그 해 3월에 북한선교위원회가 발족하였고, 초대위원장으로 박판동 장로님이 임명되었다가, 그 후 위원장이 지금은 연해주 선교사로 나가계신 고위경 장로님으로 바뀌었으며 부위원장으로 정일남 안수집사님이 계셨고, 초창기 위원으로는 박수일 집사, 유욱 집사, 한용수 집사, 이성희 집사, 조영아 자매 등 10여 분이 수고하셨습니다. 점차 우리 교회에 출석하는 탈북민의 수가 늘어 2002년도에는 17가정 33명이 되자, 당회에서는 조직을 개편하여 2003년 1월 1일부터 그 명칭을 통일선교위원회로 바꾸고 최초로 그 산하에 3개 부서, 즉 교육부, 지원부 및 양육부를 두게 되었습니다. 초대 통일선교위원회 위원장에 정일남 장로님, 교육부장에 박상국 안수집사님, 지원부장에 민경식 안수집사님이, 그리고 양육부장에 제가 각각 임명되었고, 지도목사님으로는 현재 시냇가에 심은 나무교회를 섬기고 계신 임용석 목사님이 2002년부터 수고하고 계셨습니다.

2003년 첫 주에 출석하여 보니, 2부 대예배가 끝난 후 밀알학교 306호실에 20명가량이 모였는데, 정식으로 예배를 드리는 것도 아니고 사랑방에 모여 정담을 나누는 것처럼 참으로 오붓한 분위기였습니다. 맨 처음 유욱 집사님으로부터 두툼한 양육 자료를 넘겨받고는 초창기 위원들이 온 정성을 다하여 최선을 길을 찾고자 노력하였음을 알 수 있었습니다. 다만 서로의 정치관과 삶의 역정이 달랐기 때문에 탈북민들을 보는 시각이나 문제해결의 방향에 있어서 약간의 차이가 있음을 느낄 수 있었습니다.

탈북민들은 대체로 말수가 적었고, 여전히 피교육자들처럼 긴장감을 가지고 서로의 눈치를 살피는 듯하였으며, 그 마음의 벽이 상당히 두텁다는 인상을 받았습니다. 저는 어린 시절 6·25 직후의 어려운 상황을 많이 겪었고 또 그 당시 서민들의 일반 생활상에 익숙한 탓인지 탈북민이라고 하여 어떠한 거리감이 느껴지지는 않았습니다.

정일남 장로님의 주재 하에 각 부의 소관사항이 결정되었는데, 양육부는 지도 목사님과 함께 자유이주민들에 대한 신앙양육을 주로 책임지기로 하였습니다. 저로서는 줄곧 교육 부서를 섬겼던 경험과 목자 및 조장으로서의 지난 경험들을 토대로 성경말씀을 나누는 일에 전념하기로 하였습니다.

2. 통일선교위원회에 오신 이후 양육부장, 부위원장, 위원장을 맡으시면서 줄곧 중추적인 역할을 담당해오셨는데, 그러한 사역을 하시면서 특별히 느끼신 점이나 생각하시게 된 점이 있다면 소개해주세요.

중추적인 역할이라니요, 가당치 않습니다. 단지 주님 나라의 빈자리를 조금이나마 메우려는 심정으로 임하였을 뿐입니다.

탈북민들은 지나온 역정에 개인별로 다소 차이가 있지만, 우선 기본적인 가치관에 있어서는 공산주의의 영향보다 유교적인 가부장적 전통의식이 훨씬 강한, 어쩔 수 없는 우리 동포라는 것을 깨닫는 데 그리 많은 시간이 걸리지 않았습니다. 그러나 그들이 자본주의 한국 사회에 적응하는 방식이나 변화하는 모습은 사람마다 매우 달랐습니다. 예수의 향기를 자주 대하는 사람과 그렇지 않은 사람들 사이의 차이는 정말 컸습니다. 우선순위를 돈이나 물질적인 것에 두는 탈북민들일수록 급속도로 배금주의 속에서 인격이 변질되어 가는 것을 옆에서 지켜보아야만 했습니다. 이들의 영혼을 치유하고 그리스도의 생명을 전하기 위해서는 이 땅을 찾은 초창기 선교사, 그 중에서도 토마스, 아펜젤러, 닥터 홀과 같은 마음과 비전을 가져야 할 것 같습니다.

우리 위원회는 그 명칭에도 나타나듯이 "선교"와 "통일"을 목적으로 하므로, 위원들 하나하나가 강한 선교정신을 가져야 합니다. 20대의 나이에 목숨을 걸고 어둠 속에 잠겼던 이 척박한 땅을 찾았던 선교사님들처럼……. 탈북민들은 겉으로는 강해 보이지만 실은 강도 만난 피해자들이며, 저주의 현장을 생생히 목격

함으로 인하여 깊은 마음의 상처를 지니고 있을 수밖에 없는, 우리 곁에 쓰러져 있는 지극히 작은 자임을 우리가 깨달아야 할 것 같습니다. 선한 사마리아인의 마음으로 주님을 대하듯 저들을 보듬어야 합니다. 그리하여 이 땅에서 기라성 같은 영적 지도자가 나왔던 것처럼 저들을 그러한 영적 지도자로 키워야 합니다.

3. 통일선교위원회의 사역이 지금까지 교회 안에서, 또한 우리 사회에 대해 가지는 역할과 의미는 어떠한 것이었으며, 앞으로는 또한 어떠한 방향과 어떠한 목표를 가지고 나아가야 할 것이라고 생각하시는지요.

이제는 많은 교우들이 스스로 저희 위원회를 찾아 섬김의 길을 걷기도 하고, 자기 회사의 문을 열고 탈북민들을 사원으로 받아들이기도 하며, 또 지정헌금을 하시기도 합니다. 그만큼 교회 내에서 성도들이 통일과 탈북민들에 대한 관심과 소명을 가지게 된 것이지요. 이 모두가 성령님의 인도하심이라고 확신합니다. 교회 내적으로는 이러한 열심과 사랑의 마음을 묶어, 저희 위원회를 임마누엘의 주님과 뜨거운 교제의 현장으로, 선한 사마리아인의 섬김의 장으로 승화시켜야 합니다.

남북한사회와 열방을 향하여서는, 여명학교, 정착지원센터,「하나님의 가족」과「남북이 하나 되는 교회이야기」등의 책자 발간, 하나원 사역 및 북한사역교회 연합모임 등이 보여준 것처럼, 분단의 역사와 사회 현실 앞에 책임 있는 대안을 제시하는 교회로서, 직접 기독 정신을 앞장서서 실천하는 생명력을 보여 주어야 합니다.

인류 역사를 돌이켜 보면, 교회가 살면 그 사회가 하나님으로부터 복을 받고 평안하였습니다. 우리는 축복의 통로로서 전 세계를 향하여 저희들을 향한 하나님의 생생한 비전을 실천해 나가야 합니다.

4. 장로님께서 통일선교위원회의 위원들과 탈북민들에게 남기고 싶으신 다른 말씀들이 있으시다면 전해주세요.

고난은 우리를 향한 하나님의 영적 축복입니다. 아들이신 예수님께서도 고난을 받으심으로 순종을 배워서 온전하게 되었습니다(히 5:8-9). 우리는 그리스도의 고난에 참예하는 것으로 즐거워하여야 합니다(벧 4:13). 비가 오지 않고 계속 맑은 날이 계속되면 곡식과 풀은 시들고 열매는 벌레가 먹게 되듯이, 세상의 행복과 번영만 계속되면 인간의 내면에 있는 선한 성품은 감소되고 사라지는 반면에 자기 과시, 교만, 부정한 욕망이 생성됩니다. 우리는 환란을 징검다리 삼아 그리스도 안에서 성숙된 하나님의 사람으로 성장하여야 합니다.

오늘날 경제위기는 물론 북한의 폭압정치도 우리가 믿음으로 이겨낼 때 일종의 고난을 가장한 축복으로서 이를 통하여 영적 성숙과 함께 많은 물질의 상급이 우리를 기다리고 있을 것을 확신합니다. "고난당한 것이 내게 유익이라 이로 인하여 내가 주의 율례를 배우게 되었나이다."(시 119:71)

남북 청년, 함께 한 용평 나들이
청년 통일선교팀 이야기

청년 통일선교팀 이야기

이곳에는 모두 다른 사람이 있습니다.
머리색, 피부색이 다른 사람도 있습니다.
결혼해서 아이가 있는 사람도 있습니다.
직장을 다니는 사람도 있습니다.
학교에서 공부하는 사람도 있습니다.
철조망 하나를 사이에 두고 철조망 북쪽에서 온 사람도 있습니다.
철조망 하나를 사이에 두고 철조망 남쪽에서 온 사람도 있습니다.

그러나 이곳에는 모두 같은 사람이 있습니다.
우리는 모두 눈은 두 개요, 코 한 개, 입도 한 개 입니다.
우리는 모두 같은 사람입니다.
우리는 모두 다 같은 하나님의 자녀입니다.

여기는 동해의 한 해수욕장 입니다.
6월의 햇볕은 따갑지만 아직 바닷물에 몸을 담그기에 동해는 너무 차갑습니다.

그러나 우리는 말 그대로 "청년"이지 않습니까!
우리 "청년"들에게 동해바다의 낮은 온도쯤은 이겨낼 열정과 패기가 있습니다.
바닷가에 서있는 "우리".
나이가 많으나 적으나 바닷가에서 우리 모두는 어린아이가 되었습니다.

하늘과 땅이 닿아 있는 이곳은 강원도의 한 산 꼭대기 입니다.
중력의 힘을 거슬러, 저 높은 곳을 향해 힘껏 뛰어 올라봅니다.

저 높은 하늘을 향해 뛰어 오르며 더 높은 곳에 계시는 그 분을 생각합니다.

가장 높은 곳에 계시지만, 가장 낮은 곳으로 오신 분이 계십니다.
가장 낮은 곳에 있지만, 낮아지지 않으려는 우리가 있습니다.

통일의 감격은 꿈꾸는 자만이

청년 김범호

통일이라는 다소 무거운 주제에 대해 관심을 갖게 된 것은 내 기억으로 2002년이었다. 그 당시 청년부 회장이었던 상채형이 '북사모'(북한을 사랑하는 사람들의 모임)를 만들어 중보기도 모임을 운영하고 있었고, 이 모임을 통해 북한에 대해 조금씩 관심을 갖게 되었다. 그리고 생명은 또 다른 생명을 낳듯이, 상채형의 뒤를 이어 지만이형이 오게 되면서, 나는 이 공동체(우리 교회와 청년부)를 통해 북한에 대한 끈을 놓지 않으시려는 하나님의 움직임을 감지하게 되었다.

솔직히, 처음에는 어느 정도 동정심이 있었던 것 같다. 매스미디어를 통해 북한에 대해 접해본 내용 대부분이 가난과 재난이었기 때문일 것이다. 하지만 대학 졸업 후 잊고 있었던 민족에 대한 정체성과 몇 가지 역사적 사실들을 다시 한 번 명확히 인식하고 나자, 단순한 동정심은 사라지게 되었다.

아버지의 피상적인 사랑이 생명을 직접 잉태한 어머니의 사랑을 뛰어넘을 수 없다는 말이 있다. 내가 느끼는 민족 분단의 피상적 아픔이 하나님께서 십자가의 사랑으로 북한 사람들에게 영원한 생명의 길로 인도한 그 사랑을 조금이라도 이해하기를 바란다.

우리는 통일 선교 모임을 통해 매일매일 통일의 모습들을 눈앞에서 미리 보고 있다. 물론, 남과 북의 다른 세계관으로 인한 충돌이 없는 것은 아니다. 하지만 우리는 동일한 하나님 한 분을 품고 있기에 수십 년을 다르게 살아 온 인생의 골들이 그 분의 은혜와 말씀 앞에 무너지는 것을 본다.

하나님의 은혜가 있기에 서로 총부리를 겨눴던 우리가 하나가 될 수 있다.
하나님의 은혜가 있기에 서로의 다름이 용납되고 이해될 수 있다.

이전에 아프가니스탄에 피랍된 단기선교팀 문제로 사회가 떠들썩했던 적이 있었다. 그때 그 선교팀을 비난하는 사람에게 난 이런 말을 했었다. '종교에 상관없이 무엇보다 중요한 것은 생명이다.'

예수님의 말씀을 따라 살며 핍박 받고, 하늘을 소망하며 살던 자에게 주어진 천국은 감동 그 자체인 것처럼, 통일을 꿈꾸며 살던 사람에게 통일도 감동 그 자체일 것이다. 아직 이 땅의 많은 청년들은 통일에 대해 큰 관심이 없다. 하지만 통일의 세대는 우리가 될 것이다. 더 많은 청년들이 통일의 꿈을 꾸고, 다 같이 준비했으면 하는 바람으로……

손풍금의 노래

정의석 목사(탈북민취업지원센터)

얼마 전 북한에서 온 탈북민 은정씨(가명)를 만났다. 오랜만에 만난 그녀의 모습은 두 달 전에 만났을 때와는 확연하게 달라져 있었다. 뭐랄까 얼굴에서부터 자신감이 묻어나오고 희망이 가득한 모습이었다.

원래 은정씨는 북한에서 십여 년을 아코디언 연주자로 일하였고, 외국인을 대상으로 연주하는 프로연주자였다. 그러나 남한에 들어오면서 새로운 인생을 살기로 결단하였다. 그녀는 북한에서 배운 자신의 직업과 기술로는 먹고 살 수 없을 거라고 생각하고 다시는 사람들 앞에서 연주하지 않겠다고 결심하였다고 한다. 그리고 하나원 졸업 후 컴퓨터를 비롯하여 여러 학원을 다니며 기술을 배워오고 있었다. 남한 사회에 적응하려면 우선적으로 영어를 비롯한 교육을 받아야 하고 자격증을 취득해야 한다고 생각했던 것이다.

은정씨는 우리 기관에 왔을 때도 누구보다도 취업에 대한 열의가 강하고 집중력이 뛰어난 자매였다. 취업을 위해 다양한 교육기관을 거치던 중 탈북민취업지원센터를 알게 되었고 센터에서 실시하는 탈북민 사무관리직 과정 13기를 우수한 성적으로 수료하였다. 그리고 졸업식 때 본인이 아코디언 연주가 가능하다고 해서 아코디언협회에 가서 악기를 빌려와서 연주할 기회를 제공하였다. 그런데 내가 들어봐도 상당한 수준급의 실력을 보여주었고, 은정씨도 그 아코디언을 손에서 쉽게 떼지 못하였다. 우리 가운데 일부는 수료식 후에도 은정씨의 아코디언 연주공연을 들으면서 감동을 받았다. 이후 은정씨에게 아코디언 협회

무료 강의 및 주말마다 수강할 기회를 가질 수 있도록 도와주었다. 그리고 아코디언협회장의 도움과 협조로 아코디언협회 직원으로 채용되었다는 좋은 소식도 들었다.

얼마 전 한 복지재단 후원의 밤 행사에서 은정씨를 다시 만날 기회가 있었다. 그 자리에서 은정씨가 저에게 이런 말을 했다.
'제가 취업지원센터에서 교육받을 때만 해도 저는 집안에 있을 수가 없었어요.'
'몸은 남한에 왔지만 제 중심은 여전히 이곳에 오지 못했어요. 잠을 제대로 자지 못하고 눈만 뜨면 무엇인가를 배우려고 나가지 않을 수 없었어요. 이 땅에 정착해야 되는데 정착할 수 있을 확신이 없었어요. 그런데 취업지원센터의 도움으로 아코디언 협회에서 교육을 받을 뿐 아니라 취업이 되었잖아요. 그런데 취업이 되고 출근하는 첫날 제가 지하철을 타고 종로에 내렸을 때 저는 수많은 사람들을 보았어요. 각자 출근하는 남한 사람들 속에 저 역시 출근하고 있다는 것이 얼마나 기쁘고 가슴 벅차 올랐는지 몰라요.'
'이제 내가 남한 사람의 일원이 되는구나.'
'이제는 제가 가진 능력으로 일할 수 있어서 너무 기뻐요. 매일 출근해서 아코디언도 손질하고 행정업무도 하고 제가 마음껏 일할 수 있어서 행복해요. 그리고 앞으로 전망이 분명하니 너무 좋아요.'
은정씨의 고백을 들으면서 직장이 없는 사람들이 겪는 고통은 남한 사람만의 이야기가 아니라는 절실함을 느끼게 되었다. 현재 은정씨는 아코디언 전문 강사 및 연주자로 다양한 활동을 진행 중이다.

많은 탈북민들이 한국 사회에 정착하지 못하고 있다. 많은 탈북민들이 자살, 중독, 해외 이주 등으로 정착에 실패하는 모습을 보여주고 있다. 탈북민들에게 정착의 시작은 사실 취업과 동시에 시작된다(이것은 많은 탈북민들이 경험하고 있는 사실이다). 한국사회를 실제로 만나는 것도 취업의 현장에서다. 취업과 동시에 그들은 좌절과 실패 그리고 성공을 경험하고 새로운 한국인으로 거듭나고 있다.

이들이 적응하지 못하는 이유를 모두 그들에게 돌릴 수는 없다. 탈북민들이 남한사회에 체계적으로 정착할 수 있도록 돕는 손길이 분명히 필요하고, 그 필요를 느낀 몇 명의 헌신자들의 씨앗을 통해 탈북민취업지원센터는 시작되었다. 지금은 북한이탈주민지원재단 및 노동부 그리고 하나센터 등과 연계하여 탈북민취업 전문기관으로 세워지고 있다.

탈북민취업지원센터는 남서울은혜교회 통일선교위원회(통선위)에 뿌리를 두고 있다. 통일선교위원회에 뿌리를 둔 단체가 많이 있지만 우리센터는 탈북민들의 한국사회정착을 돕기 위한 파일럿프로그램에서 시작되었다. 그리고 그러한 프로그램의 진행과 취업지원을 위해 정착지원센터(이후 탈북민취업지원센터)가 만들어지게 되었다. 2004년에 시작된 파일럿프로그램을 시작으로 현재까지 취업지원프로그램 15기까지 진행되었고 올해부터는 노동부 위탁프로그램도 동시에 진행하고 있다. 2011년까지 250여명의 탈북민을 교육하고 취업을 지원했다.

탈북민 취업지원센터는 탈북민들이 남한정착의 마지막 단계라고 할 수 있는 취업의 문제를 같이 고민하고 해결하기 위해 상담, 취업교육, 그리고 동행면접까지 1:1 및 집단상담 등을 실시하고 있으며 취업전문가, 상담전문가 등이 이들을 지원하고 있다. 이들의 취업을 지원함과 동시에 기회가 되는대로 복음을 접촉할 수 있는 기회로 삼고 있다.

센터는 교육생들과 함께 1박 2일 MT를 가지고 있다. 자신들의 인생 여정을 돌아보는 시간을 가지기도 하고 자연스럽게 신앙에 대한 이야기를 나눌 기회도 갖게 되기 때문이다. 놀라운 것은 이들이 탈북 과정에서 자신도 모르는 사이 하나님을 찾게 되었고 하나님의 도우심이 있었다는 것을 고백하는 사람들이 의외로 많다는 사실이다. 은정씨를 비롯하여 2만 4천여 명에 이르는 탈북민들은 이 땅에서 여전히 정착을 위해 고군분투하고 있다.

그들이 탈북민취업지원센터에 취업을 위해 방문하였다가 어떤 이들은 왜 우리 센터가 자신들을 위해서 이런 일을 하느냐고 반문하기도 한다. 그리고 남한에서 자신들을 다문화 외국인처럼 업수히(업신여긴다는 뜻) 여기는 데가 많은데 우리 센터는 그렇지 않다고 참 고맙다고 말하는 이들도 있다.

우리가 이 일을 하는 이유가 무엇일까? 스스로 자문해 본다. 그리고 이 일을 꼭 우리들이 해야 하는가? 취업지원센터가 만들어진 초창기에는 이러한 질문에 제대로 대답할 수 없었다고 생각한다. 그러나 이제 탈북민 사역을 하는 교회나 단체에서 한결같이 나오는 공통적인 이야기가 있다. 그것은 탈북민들이 남한 사회에 정착하도록 돕기 위해서는 그들에게 적합한 일자리를 소개해주고 마련해주는 것이 최고의 정착지원이라는 것이다.

우리가 이 일을 하면서 덤으로 얻는 축복이 있다. 그것은 사랑의 하나님이 탈북민 뿐만 아니라 우리 남한 사람을 무척 사랑하신다는 것이다(탕자의 비유의 첫째 아들처럼). 나는 우리센터를 방문하는 탈북민들을 통해 그들을 사랑하시는 하나님을 만나게 된다.

또한 그들을 통해 우리가(남한에 살아왔던) 얼마나 하나님의 축복 가운데 살아 왔는가를 깨닫게 된다. 그리고 탈북민들을 섬기는 과정을 통해 하나님이 살아계심과 북한을 사랑하시는 하나님을 탈북민에게 보여주고자 하는 하나님의 뜻이 이 센터를 세우신 하나님의 목적이라는 것도 깨닫게 된다.

하나원 방문 선교 사역 에세이

하나원 가는 날

양윤길 집사

　오늘은 하나원 가는 날, 역시 잠을 설쳤다. 깜깜한 천장을 바라보며 혼자서 리허설을 해본다. 지난번엔 꼭 해야 할 말을 못하고 왔다. 돌아와서는 늘 후회스럽다. 평소에 기도생활을 안했으니 하는 게 그렇지 뭘…… 오늘은 무엇으로 그들 속에 다가갈 수 있을까, 하나라도 꼭 건져야 할 텐데. 이 생각 저 생각으로 머릿속이 복잡해진다.

　처음엔 뭐가 뭔지도 모르고 궁금해서 그냥 따라갔는데 횟수가 거듭될수록 이게 아니구나 싶었다. 갔으면 밥값을 해야 한다고 생각했다. 예배가 끝나고 친교시간에 빙 둘러앉았다. 어쩌면 그렇게도 내 어릴 적, 지지리도 못살던 우리 동네 누이동생들을 보는 것 같다. 바로 앞에 주근깨가 은하수처럼 잔잔히 깔려있는, 앳되디 앳된 자매가 유난히도 눈망울을 반짝거렸다. 남한에서는 여성 나이 묻는 게 실례지만 물어본즉, 스물둘이란다. 그런데 그 옆에서 거드는 자매의 추임새가 가관이다. 짙은 농담까지 곁들이며 애가 벌써 세 살이란다. 세상에! 아가 아를 낳았구만…… 뭐가 그리 급해서 일찍 시집을 갔느냐고 물었더니 사연이 복잡하단다. 그 얘기를 다하자면 오늘밤으론 안 된다고 그냥 넘어가라며 깔깔깔 웃어댄다.

　이제 본론으로 들어가서 한 사람씩 나이도 묻고 신앙경력의 유무와 탈북 과정의 어려웠던 점과 여기까지 올 수 있었던 감사의 제목들을 들어본다. 형편과 처지, 소망들이 구구절절하다. 남한의 여성들 평균수

명이 팔십인데, 탈북한 자매들은 이삼십대가 주를 이루니, 그들이 이 땅에서 앞으로 살아가야 할 시간이 사오십년 이상이다. 그렇다면 과연 우리가 앞으로 어떠한 삶의 방식을 택할 때, 진정한 의미의 삶이 될 수 있는가를 고민해 보자고 했다. "아! 그렇네요." 화들짝 놀라며 혀를 내민다. 이제 진정한 자유를 얻었으니 예수님 믿고 행복하고 풍요롭고, 인간다운 삶을 살아가야 되지 않겠냐고 말이다. 좋은 집, 좋은 차, 갖고 싶은 것도 사고, 얼굴도 예뻐지고, 멋도 내고…… 그러자 아까 주근깨 편만한 그 자매가 하는 말, 그럼 이 까만 깨도 없앨 수 있느냐고 수줍게 물어본다. "아이고, 남한에서는 그건 일도 아닙니다." "코도 고칠 수 있나요? 눈도 크게 할 수 있나요?" 여기저기서 막들 물어본다. 갑자기 성형외과 의사가 되었다.

　화제를 돌려야 했다. 우리가 왜 예수 그리스도를 믿어야 되고 그를 믿음으로써 우리가 얻는 영광이 무엇인가를 아는 범위 내에서 설명해 본다. 누구든지 예수를 믿는 자마다 영생을 얻고, 영원한 생명과 천국 시민으로 주님의 자녀가 되는 특권을 갖기 때문이라고 다른 종교와의 차별성도 곁들여, 어설프지만 설명해 주었다. 그런데 정작 그들이 가장 궁금해 하는 것은 자신들이 서울에 집을 배정받을 수 있을지, 무슨 일을 하면서 살아가야 할지, 자식들의 교육은 어떻게 해야 할지, 기술습득이나 취업은 어떻게 해야 할지 등등이 우선이지 내 말은 그리 와 닿지 않는 눈치들이다.

　그래서 또 말을 이었다. 우리 교회에서 같이 신앙생활을 하게 되면 자녀들 교육문제는 여명학교를 통해서 도움을 받고, 직장은 정착지원센터를 통해서 취업정보를 얻고, 산업인력공단 등을 통해서 기술습득을 할 수 있는 길이 있으니, 걱정 말고 퇴소하면 꼭 우리 교회를 찾아와 문을 두드리라고 말하고 얼굴들을 보니 오늘은 그래도 기본은 한 것 같은 예감이 든다. 대여섯 자매가 상당히 관심 있는 약속을 했다. 눈치를 보니 5, 60%는 그럴 것 같다. 꼭 그렇게 되기를 기도하겠다고 했다.

전도를 못해본 나로서는 여기가 한 건 올릴 수 있는 곳이라는 생각이 들었다. 지난 번 홈스테이를 통해서 우리는 진한 감동의 현장들을 체험했다. 비록 하룻밤의 인연이지만 차마 버스가 떠나지 못하고, 창문을 통해서 흐느끼며 손 흔들던 그들을 보며, 보내는 사람도 떠나는 사람도 통일 선교의 중요함을 실감했던 기억이 새롭다. 그날의 감동이 이어져, 여러 자매가 우리와 함께 지금 예배하고 있지 않은가? 앞으로 이 하나원 방문사역을 통하여 우리 통일 선교 공동체에 고기 잡는 어부가 많아지고 복음 전파의 황금어장으로 그 지경이 넓어지길, 곧 다가올 통일 한국의 전진 기지가 우리 남서울은혜교회이길 기대해 본다.

하나원 방문 선교 사역 시나리오

하나원 방문기

김진호 집사

(주일 아침 8시 50분, 교육원으로 출발하는 버스 안)

김 집사: 이 집사님. 어서 오세요. 오늘도 1부 예배 마치고 오시는 길이지요? 매번 참석해주셔서 감사드립니다.

이 집사: 뭘요. 당연히 해야 하는 일이지요. 오히려 저는 교육원에 가는 전날이면 새로운 영혼들에게 주님의 말씀을 전한다는 기대와 희망에 잠을 설치곤 한답니다. 주님께 너무나 많은 것을 거저 받은 우리가 당연히 해야 하는 일을 즐겁게 할 따름입니다. 김 집사님이야말로 매번 간식 준비하시느라 늘 수고 많으시지요?

김 집사: 무슨 말씀을요. 교회 내에서 다른 힘든 봉사 하시는 분들에 비하면 간식준비는 일이라고 할 수도 없지요.

이 집사: 그나저나 지난달에는 교육원 예배당에 빈자리가 많아서 마음이 아팠습니다. 오늘은 제발 많은 사람들이 교육원 예배에 참석하기를 바라는데, 얼마나 나올까요?

김 집사: 아시다시피 올해는 윗동네 정권세습 이후 탈북을 막는 국경수비가 강화되면서 탈북자 숫자가 크게 줄어들었어요. 오히려 탈북해서 중국에 머물다가 강제 북송된 사람들이 늘었지요.

이 집사: 참으로 안타까운 일입니다. 지금 우리로서는 이해가 되지 않지만 이런 어려움 속에서도 주님의 뜻이 있으시리라 믿습니다. 윗동네 분들을 위해 기도하겠습니다.

(오전 10시, 교육원으로 가는 버스 안에서)

김 집사: 성도 여러분. 오늘도 많이 참석해주셔서 감사드립니다. 사실은 더 많은 성도들이 참가신청을 했지만, 교육원 사정에 의해 인원수를 제한하고 있음을 잘 아실 것입니다. 머지않은 장래에 통일이 되어 우리 성도들 모두가 윗동네 형제자매들을 눈물로 맞으러가는 그런 날이 속히 오기를 우리 모두 기도합시다. 오늘도 두 팀으로 나눕니다. 한 팀은 이미 교육원에 온지 한 달 이상 된 영혼들을 대상으로 전도폭발 내용을 중심으로 복음을 전해주시고, 또 다른 팀은 이제 교육원에 갓 도착한 영혼들을 대상으로 아랫동네 삶에 대한 소개부터 해주시면 됩니다. 이 경우에도 당연히 주님 말씀을 중심으로 해주시면 됩니다. 다만 처음 온 분들에게는 조금 편하게 다가가고자 함입니다.
교육원 방문길에 처음 참석하신 성도들께서는 혹시 마음이 움직이더라도, 개인적으로 윗동네 분들께 선물을 나눠주시거나 개인연락처를 주시는 것은 삼가해주십시오. 아직까지 그분들이 윗동네 체질에서 많이 벗어나지 못했기 때문에 그런 행동들이 다소 오해를 부를 경우가 있으니까요.
오늘도 미용팀에서 봉사를 나와 주셔서 특별히 감사드립니다. 매번 점심식사 시간까지 할애하여 봉사를 해주셔서 무어라 감사의 말씀을 드려야 할지 모르겠습니다. 또한 우리보다 먼저 출발한 주일학교 봉사팀의 청년부 형제, 자매들에게도 감사드립니다.

(오전 10시 40분, 교육원 예배당)

민 부장: 교육원 원생 여러분, 안녕하십니까? 저희는 서울의 남서울은혜교회에서 왔습니다. 참으로 힘든 여정을 거쳐 이곳까지 오신 여러분들을 진심으로 환영합니다. 그동안 얼마나 고생이 많으셨겠습니까? 저희들은 이 예배에 참석하여 여러분과 함께 예수님을 만나고, 또한 말씀을 전하고 나누게 되어 많이 기뻐하고 있습니다. 이제 여러 팀으로 나누어 각 집사님들이 여러분들께 말씀을 전하실 때 하나님의 커다란 은혜가 함께 하시기를 축원 드립니다.

(오전 11시 10분, 교육원 예배당 내 조별 모임)

박 집사: 원생 여러분, 안녕하세요? 저는 여러분과 하나님 말씀을 함께 나누려고 이곳에 온 박 집사라고 합니다. 우선 말씀을 나누기 전에 여러분에 대해 좀 더 알고 싶군요. 어떻게 이곳까지 오시게 되었는지요?

최 ○○: 저는 ○○○도 출신으로 ○○강을 건넜습니다. XX국에서 3년을 살다가 어렵게 이곳에 오게 되었습니다. 윗동네에 살 때 아랫동네 드라마들을 보면서 이곳 삶을 동경하다가 어렵게 강을 건넜습니다. 어려운 사정으로 인해 혼자 몸으로 왔지만 언젠가는 윗동네에 남아있는 가족들과 함께 할 날이 있으리라

　　　　　　믿고 있습니다.

박 집사: 참 잘 오셨습니다. 힘드셨지요? 오시는 길, 걸음걸음마다 주님 은총이 함께 하셨을 것을 믿습니다. 가족과 이별하셨다니 저도 몹시 마음이 아프군요. 빠른 시간 내에 재회하시기를 저도 기도드리겠습니다. 최 선생님은 이곳에 오시기 전에 예수님을 만나신 적 있는지요?

최 ○○: 예수님을 만난 것은 여기에서 처음입니다. 칼날같이 차가운 ○○강을 건너 이곳에 도착하기 까지는 제 힘으로 왔다고 믿었지만, 이제는 하나님의 눈동자와 같은 도우심이 없었다면 제가 결코 이곳에 이르지 못했을 것이라는 믿음이 생겼습니다. 무엇보다도 하나님은 사랑이시라고 하는 교회의 가르침이 눈물겹도록 고맙습니다.

박 집사: 기독교의 가장 중요한 가르침이 바로 그것이지요. 온 몸을 다하여 하나님을 사랑하고, 네 몸을 사랑하듯 이웃을 사랑하라고 하는 것이 기독교 가르침의 사실상 전부라고 할 수 있습니다. 이미 그 진리를 깨달으셨으니 참으로 기쁩니다.

　　　　그렇다면 이제 조금 더 말씀을 나눠볼까요? 최 선생님께서는 오늘밤이라도 이 세상을 떠나신다면 천국에 들어갈 것을 확신하고 계십니까? 그리고 그때 천국 문 앞에 섰을 때 하나님께서 '내가 너를 나의 천국에 들어오게 할 이유가 무엇이라고 생각하느냐'고 물으신다면 어떻게 대답하시겠습니까?

최 ○○: 잘 모르겠는데요.

박 집사: 그렇다면 오늘 제가 최 선생님께 기쁜 소식을 전할 수 있게 되어 참으로 기쁩니다. (중간 생략).

(오후 12시 10분, 교육원 식당)

민 부장: 성도 여러분, 모두 수고 많으셨습니다. 여러분이 한 사람, 한 사람 손 붙들고 전한 귀한 말씀이 그분들의 영혼을 하나님께서 인도하는 데 큰 도움이 될 것임을 믿어 의심치 않습니다. 이제 영혼의 양식에 더하여 육체의 양식도 함께 즐기시기 바랍니다.

(오후 12시 50분, 교육원에서 서울로 돌아오는 버스 안)

민 부장: 모두 애쓰셨습니다. 오늘도 역시 교육원 전도팀 전통에 따라 처음 참석하신 성도들의 소감을 듣는 시간을 갖도록 하겠습니다. 이 집사님, 나오셔서 말씀해주시겠습니까?

이 집사: 저는 그동안 탈북 성도들에 대한 막연한 생각만을 갖고 살아왔습니다. 그런데 오늘 만나보니 그들도 우리와 꼭 같은 한민족인데, 다만 다른 정치체제 아래서 오래 살아오다보니 조금 생각이 다른 것뿐임을 알게 되었습니다. 좁은 한반도가 반으로 나뉘어 우연히 운 좋게 아랫동네에서 태어난 우리는 마음껏 하나님 말씀을 나누고 찬송가를 부르는데 반해, 윗동네 형제자매들은 단지 그 쪽에서 태어났다는 이유만으로 인해 너무도 어려운 삶을 살아왔다는 것에 새삼 가슴이 아팠습니다.

민 부장: 하나님 말씀을 직접 전해보시니까 어떻든가요? 처음에 기대한 만큼 잘 받아들이던가요?

이 집사: 어떤 분들은 XX국에서 머무르는 동안 그곳에 계신 분들의 도움을 받아 이미 예수님을 만나기도 했더군요. 그런 분들에게

는 말씀 전하기가 수월했습니다. 하지만 대개는 예수님 말씀을 처음 접하면서 다소 어려워하는 것을 느꼈습니다. 이제 서울에 돌아가면 윗동네 분들에게 보다 쉽고 재미있게 예수님 말씀을 전달하는 방법을 나름대로 연구하겠습니다.

민 부장: 이곳에 도착해서 처음에는 그분들이 정서적으로 많이 지쳐 있는 상태일 수 있습니다. 그럴 경우에는 그저 따뜻하게 보듬어주고, 하나님은 사랑이시라는 믿음을 전달해주는 것이 오히려 효과적일 수 있습니다. 첫 방문부터 소명을 느끼시고 계속 노력하시겠다는 말씀에 은혜를 받습니다. 감사합니다.

자, 오늘도 아침부터 서둘러 참석하시느라 조금 피곤하실 터인데, 모두들 조금 눈을 부치시지요. 서울까지는 지금부터 1시간 30분 정도 소요될 것으로 예상합니다.

(오후 1시 50분, 교회에 도착하여)

김 집사: 여러분 모두 감사합니다. 아시다시피 우리 교회는 매달 네 번째 주에 교육원을 방문해왔습니다. 기억해두셨다가 앞으로도 많은 성도님들의 참가를 부탁드립니다. 모두들 주안에서 평안을 누리시기를 기도드립니다. 감사합니다.

캄보디아 단기선교를 다녀오면서

이○○ 집사

캄보디아를 다녀오면서 평소 생각했던 것과는 대비 할 수 없는 은혜가 있음을 발견했으며 저에게 잊을 수 없는 소중한 것이었습니다.

사실 여름휴가를 중국에 계신 부모님 뵐느라고 이미 썼음으로 더 내기가 미안하였지만 용기를 내어 회사에 이야기했더니 승인되어 저는 하나님이 개입하시는 것을 느꼈습니다.

캄보디아 하면 추상적으로 어떤 것이 떠오릅니다. 일단 덥고 습하며 코코넛 빠다나 아직 덜 발전된 정치적으로 이북과 가까운 나라라는 정도……

이 나라는 A.D. 1200년을 전후로 불교와 힌두교가 들어와 지금도 집집마다 신전을 만들고 거기에 제사하는 나라이고, 앙코르와트도 그 때 세워진 사원입니다. 역사적으로 주변나라 베트남과 태국의 계속된 침공에 시달리는 가운데 프랑스의 식민지로 있으며 나라를 보존했던 가슴 아픈 역사를 가지고 있습니다.

특히 이 나라의 왕인 노르돔이 자국 내 정변으로 북한과 중국에 피해가 망명생활을 했고, 그 사이 240만 명의 과학자, 기술자, 의사, 건축가 등 지식인들이 학살당했습니다. 세계적으로 이름 있는 공산화 과정의 케우산판 정권의 만행이었다고 합니다. 저는 어려서 평양에 살 때 노르돔 친왕이 김일성과 평양 학생소년 궁전에 왔을 때 환영행사에 나갔던 기억이 있습니다. 그래서 캄보디아가 북한의 영향도 받아서 별로 다르지 않다는 생각을 하였지만, 다행스러운 건 90년대 후반에 들어서 개방·개혁하여 지금은 이북보다 10배는 더 잘사는 나라가 되었습니다. 특히 먹지 못해 죽는 사람은 없었어요. 그러나 인재가 너무 부족하며 산업기반이 너무 약하고 특히 교육이 아주 취약한 나라였습니다. 프놈펜 공항은 아주 아담했고 우리 제주공항 같았습니다.

첫날 선교사님의 안내로 현지 교회에 갔는데 많은 어린이와 학생, 성인들의 예배모습을 보면서 선교사들의 노고와 하나님의 사랑을 확인하면서 저 이북도 언제인가는 이런 날이 꼭 오리라고 믿고 기도했습니다. 우리 목사님의 통역 예배와 '우리를 죄에서 구원하신 예수님'이라는 내용의 드라마 연출은 어느 전문 배우보다도 더 멋지고 보기 좋았습니다. 하나님의 사랑은 이런 거야 하는 마음을 간직하고 그곳을 떠났습니다.

그날 오후에는 학살현장 박물관을 참관하면서 이 지구상에 악의 무리들에 대한 하나님의 심판을 기도하면서 하나님의 인간 사랑의 역사 창조의 선구자인 우리 선교사님들을 더욱 존경하며 후원해야겠다고 생각했습니다.

그리고 40km정도 떨어진 농촌교회에 갔는데 마치 명절 같았고 비록 언어는 통하지 않지만 서로 하나님의 사랑을 확인하면서 교회 건설 부지 관련 기도모임을 통해 미래의 행복한 마을을 마치 꿈처럼 보면서 드라마 연출과 각종 놀이로 현지인들과 즐기는 하루였습니다.

그 다음날은 대한민국 NGO에서 운영하는 고아원에서 맛있는 음식 만들어 다같이 나누었고, 놀이와 빨래터 만들기 등을 하였습니다. 마지막에 아이들이 장래의 꿈을 발표하는 것을 들으며 많은 생각을 했습니다. 아이들의 장래희망은 선생님, 의사, 경찰, 목사 특히 군인이 많았습니다. 다시는 짓밟히지 않으려는 의지가 있는 것 아닌가 하는 생각을 했습니다. 초롱초롱하던 아이들의 눈은 영원토록 잊지 못할 것 같습니다. 기회가 되면 이 아이들을 위한 일을 할 수 있게 되었으면 하는 아쉬움을 남기고 떠나야했습니다.

다행스러운 것은 비가 잦은 곳이라 아이들의 빨래터를 새로 지어 줄 수 있게 저를 사용해 주셨고, 하나님께 감사하며 아이들에게 무언가 해주어 참 좋았습니다. 다음날은 거리에서 결식아동을 목욕시키고, 찬양 전도하는 프로그램인데 목욕버스를 시장에 가까운 곳에 세우고 20여명의 아이들과 어울렸습니다. 수○이, 진○이, 경○, 김○경 집사, 이재영 집사의 수고로 재능을 발휘했습니다. 진실이의 댄스는 아주 대인기 만점으로 아이들이 좋아하던 모습은 참으로 잊지 못할 추억이었습니다.

사실 진실이는 조용하며 자기만의 생각이 존재하는 듯한 성격인데 어디에 숨어있던 재능인지 참으로 놀라웠습니다. 하나님은 참으로 위대한 분임을 느끼게 하였습니다. 그리고 수○이가 고운 한복을 입고 어린이들 한 사람 한 사람과 같이 사진 찍어주기, 그리고 사진을 즉석에서 뽑아주어 아이들이 기뻐하던 모습은 참으로 아름다운 순간이었습니다.

다음은 청소년 센터에서 그들에게 성경의 인물 다윗에 대하여 집사님이 이야기하고 그들이 미래 캄보디아의 훌륭한 하나님의 일꾼으로 성장하기를 기도하던 모습은 저의 가슴속에 영원히 새기며 저 이북에도 많은 사람들을 김일성, 김정일, 김정은, 3대에 걸친 우상을 버리고 하나님의 나라 백성으로 살아갈 수 있는 그날이 반드시 올 것이라는 약속의 말씀을 새기고 기도하였습니다. 우리가 현재 이 시대 이 땅에 온 자로써 과연 해야 할 일이 무엇인가를 생각하면서 복음통일을 반드시 이루어나가기 위하여 열심히 살며 준비하는 인생이 되게 해 달라고 기도하였습니다.

다음날 우리는 동남아에서 제일 크다는 호수의 수상 마을과 그곳 주민들의 삶을 보면서 이 땅에 내리신 하나님의 은혜를 다시 한 번 느꼈습니다. 한국 NGO에서 그곳에 세운 수상교회와 수상학교들을 보았고 배에서 7~8세 아이들이 여행객의 잔등 두드리기로 1달러씩 버는 모습, 목에 구렁이를 걸고 1달러를 부르는 모습, 그리고 어린이를 안고 쪽배로 다니며 구걸하는 모습들을 보면서 내가 왜 열심히 공부하고 열심히 일하며 살아야 하는 이유를 스스로 깨우치는 계기가 되었고 특히 하나님의 백성으로 살아야 하는 이유도 포함되었습니다.

다음은 씨엠립으로 이동하여 앙코르와트를 참관하였는데 고대 원시림같은 밀림 속에 있는 고대 신전을 보면서 '웅장하고 대단하다는 감탄보다는 이것을 짓느라 얼마나 많은 사람들이 죽고 고생했을까'하는 아쉬움과 우상이 가져다주는 현실을 눈으로 보는듯한 느낌을 받았습니다. 그들이 지금이라도 하나님을 볼 수만 있다면 하는 아쉬움, 왜 하나님이 우상을 제일 미워하는지 알게 되었습니다.

마지막으로 복음의 빛 진자로 마음이 무거움을 느끼며 북한 땅에도 복음 빛이 들어갈 날이 반드시 올 것이라고 생각하였고, 복음에 순종하며 열심히 일하며 살자고 생각하면서 돌아왔습니다.

꿈꾸는 땅 캄보디아

이재영 형제

캄보디아 비전 트립을 다녀온 지 한참이 지나도 계속 그 곳 생각을 하게 됩니다. 제가 여행을 가본 곳 중 이렇게 기억에 깊이 박혀 계속 떠오르는 경험은 처음인 것 같습니다. 기억할 때마다 웃음 짓게 되는 것이 좋은 꿈을 꾼 듯한 기분입니다.

통일선교위원회에서 처음 비전 트립을 간다고 할 때에는 북한 접경의 중국으로 가야 한다고 생각했었습니다. 그런데 갑자기 엉뚱한 캄보디아라는 국가로 가기로 결정되었고, 엉겁결에 저는 팀장이라는 직책을 떠맡았습니다. 무엇 때문에, 무슨 기대를 가지고 그 나라에 북에서 온 청년 네 명, 장년 집사님 한 분과 목사님과 함께 가야하는 것인지 감이 잘 오지 않았습니다. 어찌 보면 잘 어울릴 수 있을까 싶은 이상한 조합의 멤버이기도 했습니다. 결론부터 말씀드리자면 이미 예상하셨겠지만 최고의 멤버였고, 우리를 위한 최고의 선교 여행지였습니다.

지금부터 그 이야기를 풀어가 볼까 합니다.
캄보디아에 처음 발을 딛고서 만난 것은 예상치 못한 모래 덩어리였습니다. 자정이 가까운 늦은 밤에 공항에 내려 피곤한 몸과 짐을 이끌고 우리를 숙소까지 데려다 줄 트럭을 탔습니다. 처음에는 매연 냄새가 심하게 나서 힘들더니, 도로에 모래가 많은 지역으로 오자 모래 덩어리가 차 안에 가득하여 눈뜨기도, 숨쉬기도 힘들었습니다. 힘들게 숙소에 도착하여 간단한 안내를 받았는데, 양치질을 할 때 수돗물로 입을 헹구면 이가 다 상한다는 말을 듣고 캄보디아에서의 생활이 생각보다 힘들 것이라는 예상을 했었습니다.

공항으로 가는 길에 봉고차에 오토바이가 부딪히고, 숙소로 돌아오는 길에는 또 다른 차에 또 뒤에서 받히는 사고가 있었다는 것을 다음 날 아침에 선교사님으로부터 들었습니다. 선교사님도 그곳에서 사역하면서 처음 있는 일이라 악한 세력도 우리가 그 곳에 왔다는 것을 알고 있는 것 같다고 나누셨습니다.

첫날부터 계획된 사역을 시작하며 우리가 너무도 준비가 안 되어 있다는 것을 깨달았습니다. 선교사님들은 일주일 단위로 촘촘히 짜인 사역을 잘 감당하고 있는데, 우리가 가서 괜히 폐를 끼치는 것은 아닌가 하는 생각이 들 정도로 허술하게 마음을 먹고 있었던 것 같아 괜스레 죄송하였습니다. 그러나 우리가 준비해 간 것은 정말 미약한 것에 비해 하나님께서 주시는 은혜와 열매는 어찌 그리 큰지 참 놀랍고 감사했습니다. 우리가 준비한 시시한 놀이들, 불어주는 풍선 하나에도 아이들이 너무나도 좋아하고 즐거워함을 볼 수 있음이 은혜였고, 그들이 우리에게 감사하는 것이 열매였습니다.

그 곳에서의 사역을 위해 한국에서 우리 팀이 준비해서 갔던 회심의 카드는 예수님의 구원 사역을 담은 드라마였습니다. 언어가 통하지 않더라도 내용을 전달할 수 있는 무언극이었기 때문에 연습이 더욱 필요했으나 시간 사정상 각자 동영상으로 보며 준비하고, 다같이 모여서 연습은 많이 하지 못했었습니다. 그래서 걱정이 되었습니다. 그러나 막상 사역의 현장에서 아이들 앞에서 공연을 하기 시작하니 이전의 연습 때의 모습은 지나가고 전혀 새로운 모습으로 연기를 하는 것이었습니다. 부족했던 부분들이 채워지고, 표정 연기가 살아나니 할 맛이 났습니다. 보는 아이들도 눈을 크게 뜨고 열심히 보며 감동이 있었던 것 같지만, 정작 공연을 하는 저희가 가장 큰 감동을 받지 않았나 생각합니다. 감사했던 것은 그냥 흥미 있는 내용의 쇼가 아니라 드라마의 내용이 복음으로 말씀과 함께 전달이 될 수 있었던 것입니다.

아이들의 손톱도 깎아주고 놀아주며, 먹을 것 때문이라도 와줘서 고마움을 느꼈는데 말씀을 전할 때 참으로 진지하게 잘 듣는 모습에 감탄하였습니다. 마음이 깨끗하게 비어 있어서 그 곳에 말씀이 들어갈 수 있는 공간이 많다는 생각이 들었습니다.

그 곳 아이들의 표정은 참으로 밝고, 모두들 계속 웃는 표정입니다. 아이들뿐만 아니라 만나는 사람마다 인상이 참 좋았습니다. 웃는 낯이 아닌 사람을 찾기가 더 힘들었습니다. 아이나 노인이나 생활이 어려운 사람이나 모두 밝은 얼굴이었습니다. 웃지 않는 얼굴들은 유일하게 잘 사는 집이나 좋은 차를 타고 가는 사람들에게서 보였습니다. 캄보디아가 역사적으로 아픈 과거를 가지고 있음에도 사람들의 순박함이 때 묻지 않은 채 보존되어 있어서 그런 것 같았습니다. 그 중에서도 특히 고아원의 아이들은 누구보다도 빛나는 모습이었습니다. 그들은 고아이지만 어떤 아이들보다도 행복한 생활을 하며, 하나님을 잘 섬기며 꿈을 가지고 지내던 모습들이 기억납니다. 사랑을 나눠주러 간 우리들에게 오히려 사랑한다고 표현하고 다가오는 그 아이들에게서 캄보디아의 밝은 미래를 볼 수 있었습니다.

일정 중 하루는 학교를 세울 부지를 돌며 기도하게 되었습니다. 해가 높이 떠서 더워지기 전, 이른 아침부터 그 곳에 세워질 학교를 상상하며 그 땅 주위를 도는 것은 거대한 땅 밟기였습니다. 축구장 4배 정도 되는 1만 평의 땅이 온갖 풀과 나무가 있는 그대로 덩그러니 있는 모습이 낯선 풍경이었습니다. 아직 벽돌 하나 올라가지 않았고 재정이 넉넉하지 않지만, 그 넓은 공간에 훌륭한 시설들을 하나님께서 채우실 것을 벌써부터 기대하게 되었고, 희망을 보았습니다. 특별히 그 학교는 그 곳의 주민들이 먼저 요구해서 계획하게 되었다고 합니다. 주민들이 아이들의 교육에 대한 관심을 가지고 선교사에게 학교를 먼저 요구해서 품게 된 교육의 꿈이니, 시작하기도 전에 벌써 성공한 것이나 다름없는 일이라 생각되었습니다.

짧은 일주일의 기간이었지만, 많은 사역들을 잘 감당할 수 있었던 것은 훌륭한 팀워크가 있었기 때문입니다. 준비해 간 것은 초라했지만 섬기는 마음, 순종하는 자세, 수고스러운 일도 마다 않는 헌신 그리고 힘과 마음을 합해 함께 일했기 때문에 아이들도 즐거웠고 저희의 마음도 기쁘게 일할 수 있었습니다. 교회의 장년팀과도 나이도 배경도 출신도 각각 다른 구성으로 만났지만 매일의 사역과 나눔을 통해 마음이 열리고 사랑이 주 안에서 하나됨을 느꼈습니다.

많지 않은 인원으로 요일마다 다른, 다양한 사역을 감당하는 그 곳의 선교사님들이 참으로 대단해 보이기도 했지만 부르면 쉽게 모이고 말씀이 전해지는 그 곳이 황금어장 같다는 생각이 들었고, 그 땅에서 할 일이 참 많다는 생각을 하게 되었습니다. 더욱 놀라운 점은 별 훈련도 받지 못한 나도 '그 땅에서 쓰임을 받을 수 있겠구나'라는 자신감을 얻은 일이었습니다. 하나님께서 선교에 대한 눈을 넓히셨다고 생각하고 있습니다. 막연했던 선교지의 실상을 직접 눈으로 보니 모든 것이, 감당해야 할 슬픔이고 희생뿐인 땅이 아니라 귀한 열매가 가득 보이는 즐거운 낙원으로 보였다는 것입니다. 이런 생각은 비단 저뿐 아니라 함께 갔던 팀원들 모두가 느끼고 고백하는 것이었습니다.

캄보디아 여행은 저에게 크게 두 가지 의미를 던져 주었습니다.
첫째는 하나님의 꿈을 꾸는 것입니다. 겉보기에는 비참해 보이는 모습에서 오히려 꿈이 더 크게 자라고 있는 것을 보았습니다. 한없이 순수한 아이들의 맑은 눈에서, 그들의 기도하는 손에서 캄보디아의 미래를 꿈꾸게 되었습니다. 복음 전하기가 어려운 이 시대에 오토바이가 끄는 수레를 타고 구름같이 몰려오는 아이들은 그 땅을 향한 하나님의 변화의 계획이 이미 한참 진행 중이라는 것을 느끼게 했습니다. 오히려 일할 사람, 장소가 없어서 아이들이 배우기를 기다리고 있다는 이야기를 들었을 때는 도전이 많이 되었습니다. 추수할 것은 많은 데 일꾼이 없어서 추수를 못하는 상황이 캄보디아에서도, 통일된 북녘 땅에서도 일어나지 않도록 일하러 갈 준비가 되어 있어야겠는 생각을 했습니다. 내가 쓰임 받을 수 있다는 것이 얼마나 감사한 일인지 생각해 보았고 부르시는 곳에 언제든지 달려가서 일하는 꿈, 그리고 하나님이 세우시고 회복시키시고 부흥시키신다는 꿈을 품고 왔습니다.

둘째는 단순한 삶에 대한 필요성입니다. 도시의 삶이 아니면 견디기 힘들어 했던 내게 그 땅은 인터넷도 되지 않는 미개의 지역이고 미지의 영역 이었습니다. 카페에 가서 처음으로 무선 인터넷이 잡혔을 때 다들 흥분해서 스마트폰만 들여다보며 온라인에 접속해서 소식을 주고받느라 소동이 일었습니다. 그런데 며칠 지나니 인터넷, 휴대전화 안 되는 세상도 적응할 만하고 좋은 점도 많았습니다. 삶이 단순해지니 생각이 많아졌습니다. 일기도 많이 쓰고 해야 할 일에 더 집중을 할 수 있었습니다. 단순한 삶이란, 가장 가치 있는 일에 집중할 수 있는 기회이자 하나님과 깊은 교제를 할 수 있는 시간인데, 그런 시간을 별로 가져 보지 못했다는 것을 되돌아보게 되었습니다. 다시 뒤도 돌아볼 여유 없는 삶이 시작 되지만 그런 단순함을 기억해야 할 것 같습니다.

이번 비전 트립을 통해 현장에 가서 보아야 한다는 것을 느꼈습니다. 많이 다니고 많이 보면 그동안 보지 못했던 것과 보아야 할 것들을 볼 수 있으며, 또한 생각하지 못했던 것들을 새롭게 느낄 수 있음을 깨달았습니다. 내가 생활하는 이곳과 다른 사람들과 다른 문화를 만나게 되면서 사람을 사랑하는 법과 하나님 말씀의 능력과 하나님의 마음을 배우는 귀한 시간이었습니다.

수련회 소감문

김○○

통일선교위원회는 내가 한국에 와서 가장 처음으로 접한 공동체였다. 엄마 따라 통선 사람들 앞에 서서 자기소개 하고 여기 한국 땅까지 올 수 있도록 많은 도움과 많은 기도해주심을 감사했던 날이 엊그제 같았는데 벌써 이 공동체와 함께한 시간이 5년이 다 되어간다. 시간이 흘러간 만큼 통선에 대한 나의 정도 꽤 많이 들었다.

한동대 다니는 동안 주일마다 우리 교회공동체가 그리웠지만 거리 상 내가 오고 싶어도 매주 마다 올라올 수 없는 거리라 엄마 떠난 아이처럼 혼자서 묵묵히 그리워했었던 작년이 기억난다. 우리 교회공동체와 같이 있을 때는 잘 몰랐는데, 떠나고 보니까 내가 우리 교회공동체에 얼마나 많은 정이 들었는지 알 수 있었다. 지금 내게 참 기쁘고 감사한 것은 이번 1년 휴학동안 우리 남과 북 함께 드리는 예배 안에서 하나님 앞에 찬양팀으로 서게 되고 공동체 사람들이랑 더 좋은 교제를 나눌 수 있는 것이다. 우리 통선에 대한 나의 애정을 글로 표현하라고 하면 아마 다 표현할 수 없을 것이다. 그래서 올해 내가 가장 기억에 남는 필그린하우스 수련회 다녀 온 소감을 잠깐 얘기해보려고 한다.

통선에서 수련회, 청년들과 함께 하는 리트릿을 비롯해서 여러 좋은 곳을 다녀왔었고 또 그때그때마다 은혜도 많이 받고 좋았지만, 이번 필그린하우스 수련회만큼은 여느 때 수련회 보다 조금은 특별했다. 가을 단풍에 물든 산과 나무 그리고 하염없이 파랗고 한 번에 안기고 싶은 넓은 하늘의 전경이 바로 코앞에서 있으니 감탄도 감탄이지만 남녀노소 구분 없이 다들 아이처럼 기뻐서 여기저기서 감상하고 사진 찍느라 분주했다. 필그린하우스는 정말 다시 가고픈 아름다운 풍경을 소지하고 있는 장소였다. 하지만 그보다 더 중요한 것은 개인적으로 하나님의 은혜를 정말 알차게 누리고 온 수련회였었다. 이 번 수련회 통해 하나님은 나에게 또 우리에게 진정한 하나가 어떤 것인지 진정한 통일이란 또 어떤 것인지 직접 보여 주셨다.

　이번 수련회에서 남녀노소 구분 없이 한 팀이 되어 각자의 〈가장 힘들었고 행복했던 시기와 어린 시절 에피소드랑 예수님과의 만남〉이 네 가지 주제로 서로 이야기 나누는 프로그램이 있었는데 그 시간이 나에게 참 인상 깊었던 것 같았다. 할머님들은 각자 자신의 우여 곡절한 삶의 이야기를 나누어주었다. 매주 마다 만나고 인사드리는 할머님과 할아버님들이지만은 그분들의 우여 곡절한 삶의 이야기를 가까이서 귀 기울여 들은 것은 그날이 처음이었던 것 같다. 모든 수치와 자존심을 버리고 살았던 그 때 그 어렵고 힘든 시기 백번도 죽고 싶어도 끝까지 버텨낸 할머님들의 삶은 참 용감한 삶이였다. 옛 이야기를 아무렇지 않게 꺼내보지만 어떻게 말로는 다 표현조차 못하는 그 어려운 나날들을 생각만 해도 목이 메어와 더 이상 말을 잊기가 힘든 할머님들, 그래도 그 과거의 눈물 속에서 당당하게 웃음을 지을 수 있는 할머님의 아름다운 모습이 얼마나 존경스럽고 감사했는지 모른다.

　할머니의 과거가 감사했고 할머님의 오늘이 감사했고 하나님께서 할머님을 지극히 사랑하여 지금은 그렇게 밝은 웃음을 주심을 감사했다. 그리고 한편으로 회개의 마음도 들었다. 아직 가야 할 길이 한창 남은 우리에게 자그마한 돌맹이 하나가 발에 걸려 넘어져도 쉽게 나약해지고 주변 환경을 원망하고 탓하면서 살아가는 청년인 우리가 부끄럽기만 했다. 하지만 그렇게 북한 땅에서 힘들게 사셨던 할머님의 삶의 이야기는 나에게 두려움이 아닌 도전을 주었다. 내가 지금 겪는 어려움이 결코 어려움이 아니고 미래의 행복임을, 그리고 앞으로도 하나님께서 나에게 준비해두신 놀랍고도 오묘한 계획하심을 내심 기대하게 만들었다. 다른 사람의 삶을 통해 배우게 하는 하나님이 참 대단하신 분이시라는 것을 마음속으로 나는 고백할 수밖에 없었다.

이번 수련회 통해서 뺄 수 없는 또 한 가지 감사의 제목은 바로 하나님의 사랑으로 화해한 현장이었다. 모임 후의 소감 나눔이 있었는데 강윤 집사님께서 진심어린 화해의 고백을 하였다. 자신 마음속의 미움을 넘어서서 하나님의 사랑을 먼저 발견하고 하나님 안에 순종하여 성도들 앞에서 평소에 오해와 갈등이 있었던 ○○할머니와 화해의 손길을 먼저 내밀었던 모습이 모든 성도님들의 마음을 감동시켰다. 그 계기로 하나님께서 겉으로만 잘 지내오고 어딘가 모르게 불편함과 갈등이 있었던 나와 ○○언니에게도 화해의 다리를 놓아주었다. 언니와 알고 지낸지 3년 정도 되는데 어디가나 꼭 엮이는 사이였지만 진실하게 친해지기가 참 힘들었다. 여러 가지 이유로 친하기 어렵고 서로 마음속으로 거부해왔던 사이였지만은 이번 스련회를 통해서 놀랍게도 하나님께서 우리 마음의 문을 열어주었다. 하나님께서 우리에게 서로의 오해와 마음을 푸는 긴 시간을 허락했고, 서로에게 감사의 마음을 허락했고, 또 서로를 사랑해야하는 가장 중요한 진리의 마음을 허락했다.

사실 이건 간단한 화해나 서로 사이가 안 좋았다가 좋아졌다 그런 사소한 관계는 아니라고 본다. 왜냐면 정말 속으로는 진심으로 거부했던 사람이었기 때문에 그 사이에 서로가 사랑한다는 고백 했다는 것은 하나님의 뜻과 기적이라고 얘기하고 싶다. 사실 언니와의 엮인 사이를 얘기하자면 또 길다. 어쨌거나 그 날 새벽 나와 언니는 부둥켜안고 서로에게 눈물의 기도와 하나님의 이름으로 사랑한다는 말을 고백했다.

정말 감사했다. 그리고 하나님이란 분이 존경스러웠다. 다 알래야 알 수 없는 분이시고, 내 머리와 내 계산으로는 도저히 통하지 않은 분이심을 다시 마음속으로 깊이 깨닫고 감사했다. 강윤 집사님과 ○○할머니 그리고 나와 언니의 사건을 통해서 하나님 안에서는 어떻게 엮이고 어떻게 되든 우리는 결국에 하나이고 서로 사랑하게 될 자녀임을 다시 깨닫게 되었다.

1기 제자반 훈련을 마치면서

강 윤

　1기 제자 훈련은 제 신앙생활을 뒤돌아 볼 수 있는 좋은 기회가 되었습니다. 처음 제자 훈련에 선뜻 나서지 못할 때, 목사님과 여러분들의 성원에 힘입어 훈련을 시작했습니다. 훈련 후 귀가 시간이 너무 늦어서 부담스럽기도 했지만 훈련을 받으면서 제 믿음의 뿌리가 약하다는 것과 자기중심의 삶을 살았었던 모습을 많이 발견하고 부끄러웠습니다. 자기 확신과 자기중심의 생각에 빠져 교만했고, 삶의 궁극적인 목적을 알 수 없어 방황하고 있었던 저의 모습이었습니다.

　제자훈련을 마친 지금은 자기 십자가를 지는 것이 제자의 삶이요, 죄악 된 세상에서 주님과 함께 하기위해서는 고난도 기꺼이 감수해야 함도 깨닫게 되었습니다. 예수님께서 가셨던 십자가의 길은 결코 편하고, 안정적인 길이 아니었음을 알게 되었고, 저 역시 그렇게 살겠다고 다짐했습니다. 하지만 또 언제 그랬냐는 듯이 불순종했을 때에도 절망하지 않고 회개하고 주님께 용서를 구하면 사랑이 풍성하신 주님께서 용서하심도 알게 되었습니다.

　훈련 과정에서 저는 예수님의 섬김의 리더십에 대해 많이 알게 되었고, 죄악 가운데 죽어가는 저를 위해 십자가를 지신 그 분의 사랑의 리더십을 배우게 되었습니다. 그리고 통일선교위원회 공동체와 그룹의 진정한 면모를 알게 되었습니다. 훈련을 통하여 믿음의 자녀로서 또 제자로서의 본분을 다 지키며 모든 것을 버리고 주님의 길을 따라가야 한다는 것을 절실히 배우게 하는 계기가 되었습니다. 이제 죄의 속박에서 벗어나 예수님을 섬기면서 서로를 사랑하고 진실로 회개하고 언제나 순종하여 사는 것이 참다운 진리라는 것을 뼈저리게 느끼게 되었습니다.

제자반 1기를 마치면서 부족한 저를 위해 기도하여 주신 모든 분들께 진심으로 감사를 드립니다. 언제나 맏언니와 같고 엄마와도 같았던 따뜻한 마음을 지니신 김유미 권사님, 늘 기도하며 저를 달래주시고, 끝까지 쓴 이야기를 들어주시며 모든 과정을 함께 하셨던 박정애 집사님, 기도로 후원해 주신 김미숙 집사님, 물심양면으로 수고를 아끼지 않으셨던 김영식 목사님께 다시 한 번 감사드리며, 같이 훈련을 받았던 1기 제자반 모두에게도 진심으로 감사를 드립니다. 세상 풍파에 흔들리지 않도록 많은 기도를 해 주신 통일선교위원회 위원장님과 위원님들께도 감사의 인사를 드립니다.

마지막으로 1기 전 과정이 끝날 때까지 항상 말씀으로 저희에게 풍성한 은혜를 베풀어 주신 하나님 아버지께 모든 영광을 올려 드립니다.
감사합니다.

2011년 통선위를 보내며 드리는 감사

김신현 집사

"이스라엘아 들으라 우리 하나님 여호와는 오직 유일한 여호와이시니 너는 마음을 다하고 뜻을 다하고 힘을 다하여 네 하나님 여호와를 사랑하라."(신 6:5-6)

이것은 지난 1월 초 김영식 목사님으로부터 받은 축복의 말씀입니다. 사실 다른 분들에게는 각종 복을 비는 말씀을 주셨는데 저에게는 하나님을 사랑하라는 명령을 주신 것 같아 부담스러웠던 말씀이었습니다. 그래도 수시로 일상에서 이 말씀을 붙잡고 묵상하며 한 해를 보냈습니다.

사업적으로는 올해 국제 금융 위기의 여파 속에 극심한 부진을 겪었습니다. 일감은 사라졌고 기존에 계약한 일도 각종 문제가 불거져 나오며 클레임을 받기도 하였습니다. 밤새 고기를 낚았지만 빈 그물만 들어 올린 시몬 베드로의 심정으로 혹시 주님께서 깊은 데나 오른 편으로 그물을 던지라고 명령하시지나 않을까, 기다림과 갈망으로 보낸 시간이었습니다.

가정적으로는 두 아들이 캐나다에서 공부하며 대학을 준비하고 있는데 아직 미래가 불확실한 상황이고 자주 편찮으신 부모님으로 고민이 깊어지는 시간이었습니다.

교회에서는 올해 들어 통선위 새가족 팀장의 책임을 맡았는데 능력의 부족만 절감하였습니다. 처음 통선위에 찾아오시는 성도가 다음에 오지 않을 때에 무엇이 부족했는지 자책하였고, 장기 결석자가 있으면 더욱 마음에 부담이 되었습니다. 어떻게 하면 성도를 더욱 잘 섬길 수 있는지에 대한 토론을 할 경우에도 각자의 사정과 의견이 달라 진정으로 하나님의 선하시고 기뻐하시고 온전하신 뜻이 무엇이지 의문하며 보낸 시간이었습니다.

처해 있는 모든 일이 힘들고 막혀 있을 때 믿고 의지할 분은 오직 예수님 밖에 없었습니다. 갈라디아서 2장 20절 말씀을 수시로 묵상하면서 나아갔습니다. "내가 그리스도와 함께 십자가에 못 박혔나니 그런즉 이제는 내가 사는 것이 아니요 오직 내 안에 그리스도께서 사시는 것이라 이제 내가 육체 가운데 사는 것은 나를 사랑하사 나를 위하여 자기 자신을 버리신 하나님의 아들을 믿는 믿음 안에서 사는 것이라."

내가 죽고 예수님이 살기 위하여, 내가 가지고 있던 지식과 감정을 버리기 시작하였습니다. 만나는 사람에 관한 고정 관념도 버리기로 하였습니다. 내가 가지고 있던 판단력도 내려놓았습니다. 가지고 있던 사업에 관한 전문적 식견조차 내려놓았습니다. 의사 결정에 상대방의 의견을 존중하며 나아갔습니다. 잘못된 판단에서 비롯된 얽혀 있는 일들 속에서 나의 잘못을 인정하고 용서를 빌고 나아갔습니다. 그리고 주님의 의견과 도우심을 구하였습니다.

놀라운 것은 그 이후 예수님이 일하고 계심을 경험하였다는 것입니다. 사람과의 대화 속에서도 주님의 음성이 들렸습니다. "화평케 하는 자는 복이 있나니 저희가 하나님의 아들이라 일컬음을 받을 것"이라며 주위와의 관계에 화평케 하기를 권하는 전화도 받았습니다. 사업과 가정과 교회에서 많은 관계가 개선되고 회복되어 갔습니다. 회사에서는 어려운 중에도 새로운 일이 진행되었고, 그 동안 욕심에 가려졌던 눈이 열리고 새로운 가능성을 발견하고 나아갔습니다. 모든 사람이 각기 자기 소견에 옳은 대로 행하는 것처럼 보이던 일도 결국엔 모든 일이 합력하여 선을 이루시는 것을 경험하게 되었습니다. 하나님의 인도하심이 개입되지 않으면 나의 노력과 지식과 경험도 자기 의를 높이는 죄가 됨을 절감하였습니다. 돌아보니 이미 깊은 물과 배의 오른편에 그물을 드려 놓았고 그 속에 벌써 많은 물고기가 잡혀 있는 것을 발견하였습니다. 시몬 베드로가 두 배에 고기를 가득 잡고 주님 앞에 무릎 꿇고 엎드려 나는 죄인이라고 고백하던 그 의미를 알 것 같습니다.

마음을 다하고, 뜻을 다하고, 힘을 다하여 하나님 여호와를 사랑하는 것에 대한 해답도 얻은 것 같습니다. 이것은 예수님의 십자가 사건으로 우리를 구원하신 하나님의 사랑에 감격하는 것과 다르지 않으며 네 이웃을 네 몸과 같이 사랑하는 것과 동전의 양면이라는 결론에 도달하였습니다.

복음 통일과 땅 끝까지 복음을 전하는 일에 앞장서신 김영식 목사님과 말없이 헌신하시며 사랑과 삶을 나누는 모든 통선위 가족 위에 감사를 전합니다. 또한 어려운 시기에 동행해 주시고 깨달음을 주시고 시시때때로 필요를 채워주신 하나님께 영광을 돌립니다.

탈북 성도들에게 책읽기를 권면하며…

남창해 집사

안녕하세요. 오늘따라 여러분의 눈빛이 아주 반짝 반짝 빛나 보입니다. 저는 통일선교위원회 책 대여를 맡고 있는 남창해 집사입니다.

잠시 "책에서 경쟁력을 찾자."라는 주제로 몇 자 드립니다.
특히 젊은 성도님들,
여러분들은 성공하고 싶지 않으십니까?
여러분들은 꿈을 이루고 싶지 않으십니까?

성공한 사람이란 하나님 안에서 재정적 자유로움과 시간적 자유로움을 누리면서 남과 함께 나눌 줄 아는, 존경받는 사람이라고 정의할 수 있습니다.
그러려면 우린 어떤 삶을 살아야 할까요?
아침 늦게까지 잠을 자는 사람은 꿈만 꾸지만, 새벽 일찍 일어나는 사람은 꿈을 이룰 수 있다 했습니다.
작은 부자는 근검절약하고 저축해야 가능하지만 큰 부자는 나눔으로써 가능하다 했어요.
그들은 한결같이 책과 함께 했습니다.
책속에 길이 있습니다.

1. 책은 우리에게 정신적 에너지를 주고 색다른 동기부여를 해 줍니다.
2. 좋은 책은 구체적이고 정확한 지식을 줌으로써 인생의 내비게이션 역할을 합니다.
3. 인생에 있어 멘토(정신적 후원자)는 반드시 필요하지만 진정 여러분이 찾고 있는 멘토를 주위에서 찾기는 대단히 어렵다는 것을 느낄 것입니다. 책은 여러분의 훌륭한 스승 역할을 해 줄 것입니다.
4. 책은 여러분의 실력을 쌓고 능력을 키워줍니다.
5. 막연한 생각은 가만히 있으면 부정적이고 게으른 생각으로 변질되고 비생산적인 쪽으로 흘러갑니다. 그러나 책은 여러분의 생각과 생활을 건전하게 만드는 결정적인 역할을 합니다.
6. 나아가 책을 통해 긍정적 삶의 자세와 사회를 통찰하는 좋은 습관을 갖게 됩니다.
7. 재산은 도난당하거나 사기를 당할 수 있지만 책을 통한 여러분의 지식과 경험 그리고 지혜는 날이 갈수록 커가게 됩니다.

하나님의 형상을 닮은 우리들은 한 사람 한 사람이 모두 귀한 하나님의 자녀들입니다.
기존에 이 땅에 살고 있는 이들보다 못지않은 지혜로운 인생을 택해야겠지요.
하나님의 말씀인 성경과 함께 하면서 신앙 서적 뿐 아니라 얇고 간단한 책이라도 위인전, 자기계발 서적, 역사서, 성공학 서적 등 틈틈이 읽어가면서 적극적이고 창의적인 독서 습관을 가집시다.
그런 귀한 습관은 여러분의 인생을 바꿔 줄 것입니다.
그것만이 여러분을 강하게 하는 경쟁력입니다.

「북한청년 영철씨의 시장경제 알아가기」를 읽고

이○○

　얼마 전에 나동수 형제에게서 「북한청년 영철씨의 시장경제 알아가기」라는 책 한 권을 추천받았습니다. '경제'라고 하면, 보기만 해도 눈이 어지러워지는 각종 통계 수치와 의미가 묘연한 도표, 그래프 등이 먼저 연상되는 것이 보통입니다. 그래서 선뜻 집어 들게 되지 않는 것이 또한 경제 관련 서적입니다.
　그러나 이 책은 그런 우려와 부담을 전혀 갖지 않아도 좋을 만큼 쉽고 지극히 실용적인 내용만 간추려 서술한 책입니다. 특히 폐쇄적인 북한에서 나서 자랐기에, 자본주의 시장경제를 접해본 경험이 전무한 우리 탈북 형제들에게는 실생활에 필수적인 경제 상식을 알아 가는데 아주 적절한 책이라고 생각됩니다. 책에는 직업 생활에서부터 소비와 재테크, 창업과 경제학의 기초 원리에 이르기까지 폭넓은 내용이 담겨 있습니다. 그 중에서도 신용 관리와 소비 생활에 대한 부분이 특히 인상적이었습니다.
　자본주의 사회에서는 신용이 곧 재산이라는 말을 곧잘 듣게 됩니다. 그러나 어떤 경우에는 현실적인 소유 재산보다도 더 큰 가치를 가지는 것이 신용입니다. 그럼에도 불구하고 북한에서 신용에 기반한 경제 활동을 해볼 기회가 거의 없었던 대부분의 탈북 형제들은 그 중요성을 제대로 인식하지 못하고 있는 것이 현실입니다. 은행 대출과 어음 거래, 대금 결제에서부터 인터넷쇼핑과 택배, 음식 배달에 이르기 까지 자본주의 사회에서는 대부분의 경제 활동이 사실상 신용을 전제로 진행된다고 해도 과언이 아닐 것입니다.

　책에서는 요즘 들어 가장 일반화된 신용거래 행위인 신용카드 사용에 대해 자세한 설명을 하고 있습니다. 신용카드는 바르게 사용하면 참 편리한 수단이지만 과도하게 남용하여 대금을 제때에 지불하지 못해서 신용불량자가 되기라도 하면 여러 가지 불이익을 당하게 될 수 있다는 것을 구체적인 사례를 들어 얘기하고 있습니다.

　한 번 신용불량자가 되면 은행 대출과 사업자금 조달, 취직, 주택 구매, 이동통신 서비스 이용 등 정상적인 경제생활을 해나가는 것이 어렵게 됩니다. 더 무서운 것은 모든 금융기관들이 이러한 개인의 신용정보를 공유하는데, 그 기록은 계속 남아 신용 거래에 있어서 참고 사항 내지는 불이익 사항으로 평생 쫓아다니게 된다는 것입니다. 결국 자본주의 사회에서 신용을 잃는다는 것은 미래의 경제생활에서 누릴 수 있는 혜택과 기회를 잃는 것을 의미함을 새삼 깨닫게 되었습니다.

　이 책에서는 또한 합리적인 소비 생활에 대해 알기 쉽게 서술하고 있습니다. 경제생활의 출발은 수입과 지출입니다. 얼마를 버느냐보다 어떻게 소비하느냐가 더 중요하다는 것은 누구라도 공감할 것입니다. 하루 24시간 각종 매체에서 끊임없이 소비를 부추기는 자본주의 사회에서 올바른 소비 생활을 한다는 것은 말처럼 쉬운 일이 아닙니다. 더욱이 물질적으로 극도로 빈곤한 북한 사회에서 살다가 한국으로 온 탈북 형제들에게는 더 어려운 일일 수도 있습니다. 물론 다양한 개성과 취향을 가진 사람들에게 어떤 일률적인 소비행태를 권한다는 것은 다소 무리일수도 있습니다. 그럼에도 합리적인 소비를 위해서 이 책에서 제안하는 몇 가지 원칙은 충분히 공감이 가는 것이라고 생각됩니다.

첫째, 현재 내가 구매하려는 물건이나 제공 받으려는 서비스가 정말로 필요한 것인가를 생각하여야 한다.
둘째, 자신의 경제적 능력을 고려하여야 한다.
셋째, 물건을 사기 전에는 충분한 사전조사가 필요하다.
넷째, 자신의 성향이나 능력도 생각하여야 한다.
다섯째, 물건을 산 이후 애프터서비스나 세금 문제 등을 염두에 두고, 영수증을 포함하여 관련 서류 등을 꼼꼼히 챙기는 것도 중요하다.

이런 몇 가지 원칙만 제대로 지켜도 충동구매나 과소비로 인해 경제적으로 어려운 처지에 빠져드는 일은 결코 없을 것입니다. 그러나 무엇보다 중요한 것은 과욕을 억제하고 스스로 절제하는 생활 태도를 확립하는 것이 아닌가 생각합니다. 최근 불거진 사상 최대 금융 다단계 사기 사건을 놓고 봐도 지나친 욕심을 자제하는 것이 경제생활에서 무엇보다 중요하다는 것을 잘 알 수 있습니다. 물론 사기를 친 당사자들의 죄에 대해서는 더 말할 것도 없지만, 한편으로는 손쉽게 재물을 얻으려는 다수의 사람들의 과욕이 부른 피해라고 볼 수도 있습니다. 탈북자들이 종종 이런저런 사기에 걸려드는 것도 한국 실정을 잘 몰라서이기도 하지만, 노력 없이 쉽게 얻으려는 과욕이 한 원인이라는 것도 부인할 수 없습니다.

사람은 누구나 정신적 풍요뿐 아니라 물질적 풍요도 누릴 권리가 있습니다. 이것은 크리스천이라고 예외일 수 없다고 생각합니다. 물질적 축복 또한 하나님의 은혜일 것입니다.

"여호와를 의뢰하여 선을 행하라, 땅에 거하여 그의 성실로 식물을 삼을지어다. 또 여호와를 기뻐하라, 저가 네 마음의 소원을 이루어 주

시리로다." (시 37:3-4)

"하나님이 능히 모든 은혜를 너희에게 넘치게 하시나니, 이는 너희로 모든 일에 항상 모든 것이 넉넉하여 모든 착한 일을 넘치게 하려하심이라." (고후 9:8)

신앙을 의지하고 성실하게 노력하면서 절제 있는 생활을 해 나간다면 우리 탈북형제들도 이 땅에서 경제적 성공을 거둘 수 있을 것입니다. 좋은 책을 소개해 주신 나동수 형제에게 감사하며, 이 책을 우리 교회 탈북 형제들에게 경제생활 입문서로 추천하고 싶습니다.

탈북민을 위한 경제 생활 안내서
「북한청년 영철씨의 시장경제 알아가기」
KDI 국제정책대학원 발간

남과 북 만남과 나눔의 현장, 통선위 이야기

오명도 집사

2003년 1월 첫 주, 새로운 결심으로 당시 통일선교위원회를 섬기시던 임용석 목사님과 통화하여 만남을 약속하고 통선위 주일 모임에 처음 참석한 후에 탈북 청소년 대안학교인 여명학교의 추진, 설립과 운영을 돕는다며 뛰어다니다 보니 어느덧 8년이 지나 2011년을 맞게 된다. 오래된 사람이 지겨울 때 가끔 사용하는 '고참'이란 말을 국어사전에서 찾아보니 "오래 전부터 한 직위나 직장 따위에 머물러 있는 사람"으로 나와 있다. 교회가 직장은 아니지만 사전적 의미에 비추어 보면 분명 저도 통일선교위원회를 떠나야 할 오래된 고참 중의 하나가 되어가고 있다.

그런데 왜 통선위에는 고참들이 생겨나는 것일까?

그 분명한 이유는 떠날 수가 없기 때문일 것이다. 매주 한결같이 통기타를 메고 통선위 찬양팀을 이끌고 있는 영원한 청년 모습인 남궁진 집사, 청년부를 섬기며 통선위 만년 서기로 기록 관리와 만남과 나눔의 힘든 편집을 전담하였던 속 깊고 정이 많은 양수경 자매, 요즈음은 가끔 통선위 모임에 나타나지만 나이 드는 것을 자신만 모르고 자칭 미인이라 우기며 탈북 학생들과 힘들게 어울려 사는 조명숙 집사, 늘 젊은 오빠를 지향하며 빛나지 않은 곳 통선위의 총무로 회계로 늘 낮은 목소리로 탈북민을 섬겨 오다가 또 다른 섬김을 위해 이번에 통선위 탈출(?)에 성공한 전호일 집사, 그리고 그들 곁을 떠나지 못하고 서성거리고 있는 제가 통선위를 떠나지 못하고 있는 오래된 고참들이다.

우리들이 탈북민에 대한 관심과 통일 선교에 대한 미련한 꿈을 갖고 스스로 찾아온 통선위를 쉽게 떠나지 못하는 이유는 제각기 다를 것이다. 아마도 분단시대의 고아이며 과부들인 탈북민과 함께 해야 한다는 숙명에서 벗어날 수 없기도 하고, 많은 사람들이 큰 관심을 갖고 있지 않은 통일 선교의 한구석을 채워야 한다는 선한 고집도 있는 것 같다.

남과 북이 만나는 통선위는 외면적 변화가 많은 곳이기도 하지만 또 한편으로 내면적 변화가 느린 곳이기도 하다. 안쓰러움과 안타까움이 있는 곳이기도 하고, 위로와 희망이 보이는 곳이기도 하다. 지난 8년 동안 매 주일 통선위 모임에는 수많은 새로운 탈북민들이 찾아 왔다. 우리들과는 사뭇 다른 어색한 모습과 북한식 생소한 말투에서 그들이 남한 사회에서 겪어 나가야 할 차별과 어려움이 안쓰럽기도 하고, 감당하기 힘든 현실에 좌절하며 떠나가는 그들을 바라보며 대신 해줄 수 없는 안타까움에 눈을 감기도 하는 곳이기도 하다. 탈북민들과 함께 하며 나눔을 이어간다는 것이 밑 빠진 독에 물붓기가 아닌가하는 회의가 들기도 하고 때로는 물질적 득실에 민감한 탈북민들의 세속적 모습에 실망하는 곳이기도 하다.

그들은 목숨을 담보하며 찾아온 남한 땅에서 기대와는 달리 너무도 힘든 삶의 무게에 눌려 무릎 꿇기도 하고, 예상치 못한 걸림돌에 걸려 넘어지기도 한다. 그러나 힘을 내어 다시 털고 일어서서 변화된 삶을 꾸려가는 모습에 감격하기도 하고, 특히 주님 안에서 놀랍게 변화되는 모습으로 새로운 희망을 보여주는 곳이기도 하다. 통선위는 남과 북의 어색한 만남과 진실한 나눔의 현장, 함께하는 기쁨과 헤어지는 아픔, 눈물의 찬양과 회개의 기도가 함께 있는 곳이다. 한마디로 통선위는 주님 안에 남과 북의 가공되지 않는 삶이 부딪치며 깨지며 서로의 미숙함을 통해서 통일의 일꾼으로 거듭나고 통일의 비전을 함께 키워가는 현장이다.

오랫동안 통선위 모임과 함께하며 새롭게 세워져 가기를 바라는 우리들의 간절한 바램과는 달리 정성을 들였던 많은 탈북민들이 떠나갔다. 이러한 가운데 고맙게도 안보면 궁금하고 만나면 반가운 탈북자 형제들과 자매들이 통선위 역사와 함께 모이고 있다. 통선위와 함께 하고 있는 그들은 우리들에게 통일 선교의 의미를 갖게 하는 자랑스러운 진정한 고참들이다. 남서울은혜교회 조윤자(가명) 집사와 김옥희(가명) 집사, 전형진(가명) 집사, 그들은 제가 2003년 처음으로 통선위를 찾아왔을 때부터 모임에 함께 하고 있던 탈북민 고참 선배들이다. 저와는 한동안 매주일 통선위 모임후 함께 성경공부를 같이 하며 신앙과 마음의 나눔을 이어왔던 사이다. 저보다 고참인 그들의 귀한 모습을 통해 통선위의 의미를 함께 나누고자 한다.

고참 이야기 1

탈북자로서는 처음으로 통선위 모임과 함께 하며 남서을은혜교회 서리집사로 임명된 조윤자 집사는 따뜻하고 긍휼한 마음을 가지고 어려움 속에도 흔들리지 않는 믿음을 갖고 있다. 처음에는 탈북자로서 누구나 겪게 되는 어려운 생활 정착과 마음을 열지 않고 교회 생활을 힘들게 하는 남편 때문에 마음 고생이 참 심했다. 바느질하는 손재주가 좋아 일찍이 작은 수놓는 가게를 열어 생활을 이어가고 있다. 기독교 신앙과 통선위 모임에 부정적이었던 남편도 이제는 더 이상 신앙을 문제 삼지 않고 있다. 한때는 남편도 통선위에 출석하며 찬송의 남다른 재능을 보여주며 함께 하기도 했었다.

조 집사는 통선위의 탈북민 고참으로 변함없는 믿음과 기도로 힘들었던 시간을 이겨내며 그야말로 탈북민들의 맏언니로서, 통선위 집사로서 주일마다 통선위의 궂은일을 마다 않고 탈북민들을 섬기는 봉사의 삶을 살고 있다. 저를 포함한 통선위 남쪽 식구들에게 이해하고 판단하기 어려운 탈북민 특유의 감정, 미묘한 마음의 문제들에 대해 탈북자 입장에서의 자문을 얻고 의견을 듣는 통선위의 탈북민 멘토 역할을 톡톡히 하고 있다.

그의 사랑하는 딸인 한나(가명)도 마음이 여려서 눈물이 많기는 하지만 너무도 순수한 마음으로 통선위 청년팀과 함께하며 섬기는 집사님들의 세심한 보살핌 속에 잘 성장하고 있다. 한나는 아직도 얼굴을 자신감 있게 드러내는데 주저함이 있고, 미래에 대한 불안함으로 걱정이 있기도 하지만 신앙을 바탕으로 일어서고 있으며 잘 견디어 나가고 있다. 무엇보다 한나를 위한 조윤자 집사의 눈물어린 기도와 그를 돕는 통선위 식구들이 든든한 버팀목이 되고 있다.

고참 이야기 2

제가 통선위를 함께 했을 때 가장 탈북민 같지 않은 모습으로 눈에 띄었던 탈북민 부부가 김옥희 집사 가족이었다. 김옥희 집사는 통선위 고참답게 오늘도 열심히 신앙 생활을 하여 통선위 출신으로 두 번째로 서리집사 임명을 받았다. 현재 뒤를 이어 탈북한 어머니, 동생의 가족들도 함께 통선위에 출석하고 있다. 탈북민 중에는 드물게 일반교구에 속해 있으며 우리 교회 성도님들과의 교제가 활발한 편이다. 항상 적극적이고 즐거워 보이는 부잣집 딸같은 분위기가 느껴지는 인상이다.

기억하기도 싫은 이야기지만 남편 강○○은 북한의 엘리트로 잘나가는 '외화벌이 일꾼'이었다. 남한 땅을 밟은 후 세련되고 점잖은 모습으로 김옥희 집사와 함께 통선위 모임에 꾸준하게 출석하였다. 당시 어린 나이에 지루함을 못 이겨 투정을 하는 아들인 "병준(가명)"이를 달래며 매주 밀알학교 3층 작은 교실에 둘러앉아 한 가족같은 모임을 가졌다. 그는 외화벌이 일꾼답게 남한 생활에도 잘 정착하여 중국을 대상으로 작은 사업을 하며 탈북민 모두의 부러움을 받는 행복한 가장이었다.

누구보다도 강○○씨의 아들 사랑은 대단하였다. 지금도 2004년 여름, 당진에서 열렸던 1박 2일 통선위 수련회에 참가하여 모임 후 강당에 마련된 잠자리에 나란히 누웠을 때가 기억난다. 자기 전에 집에 있는 어린 병준이에게 전화하며 아빠 빨리 오라고 투정하는 병준이를 낮은 목소리로 달래며 오랫동안 짜증 없이 대화하던 그의 모습이 지금도 눈에 선하다.

그는 지금 통선위에 없다. 북한에 존재하는 비밀수용소에 관련된 자료를 서방에 유출하였다는 혐의로 북한의 미움을 받아 중국에 기획적으로 유인되고 납치되어 목숨 걸고 넘어왔던 북한 땅으로 다시 끌려갔다. 처음 그가 중국에서 실종되었다는 소식을 듣고 우리들은 너무나 놀랐고 백방으로 수소문을 하였다. 나도 안타까운 마음에 외교관이었던 친구에게 간곡한 도움을 청하여 중국 대사관을 통해 정말 열심히 그를 찾았었다. 그 사이 김옥희 집사 가족들은 얼마나 안타깝고 불안하고 마음이 아팠을까? 결국은 아주 힘들게 소재를 파악한 북한의 정치범 감옥에서 그가 김옥희 집사에게 보내온 쪽지 서신에서 가망 없는 자신을 잊고 살라는 그의 마지막 소식은 절망적이었고 우리들은 그 참혹한 현실에 눈을 감아야 했다. 그렇게 이들 가족의 또 다른 생이별은 우리들의 마음을 너무도 아프게 했다.

그러나 그토록 자신을 사랑하였던 아빠에 대한 기억을 병준이가 잊을 리 없건마는 엄마에게 의지하며 이제는 씩씩하게 성장하여 의젓하게 우리 교회 주일학교에 잘 다니고 있다. 병준이를 볼 때마다 지울 수 없는 강○○ 형제의 얼굴이 겹쳐지며 마음이 짠해지고 안쓰러움을 더

한다. 더할 수 없는 큰 어려움을 이기고 새롭게 출발을 하여 통선위에서 봉사하며 신앙 생활을 잘 하고 있는 김옥희 집사 가족을 보며 주님의 위로와 감사를 체험하고 있다.

고참 이야기 3

탈북민으로 북한에서 공부했던 전기공학 전공을 살려 성공적으로 정착한 전형진 형제도 통선위 대표적 고참이다. 물론 그의 성공적 정착 뒤에는 탈북민 정착에 대한 특별한 마음으로 힘든 고용을 결정하고 보살피고 있는 민경식 장로님의 적극적 지원이 있었지만 그 역시 열심히 노력하며 성실하게 정착하는 모습을 보여주어 우리들 모두를 기쁘게 하고 있다.

북한에 가족을 두고 탈북하여 늘 외로워 보이고 자기표현을 잘 안하는 편이지만 사색하는 가을 분위기의 북한 신사 같은 모습은 그만의 특별한 매력이다. 하지만 함께한 성경공부에서 보여준 그의 신앙은 성경에 대한 이해가 분명하고 흔들림이 없었으며, 통선위 모든 모임에 꾸준한 참여를 하고 있다. 요즈음은 회사일로 지방을 오고가며 해외 출장도 다녀오는 등 자주 얼굴을 보지 못하고 있다.

북한에 두고 온 가족을 생각하면 마음 속 표현하기 힘든 안타까움이 크겠지만 대부분 탈북민들이 힘들어 하는 남한 사회에서 통선위를 통해 안정된 직장을 갖게 된 대표적인 정착 사례가 되고 있다. 그가 입는 옷은 늘 검은 색 계통이어서 밝은 색 옷도 선물하면서 남한 패션을 강요하지만 아직도 쉽게 지울 수 없는 어두운 색감의 틀을 크게 벗어나지 못하고 있다. 하루 빨리 주님이 주시는 위로와 사랑으로 더욱 밝게 웃는 그의 변화된 모습을 상상해 본다.

이들 통선위 고참 선배들과 오랜 기간 함께하며 정이 많이 든 것 같다. 무엇보다도 그들의 삶이 변화하며 안정된 생활로 정착하는 모습들이 함께했던 지나간 시간에 대한 보상이며 통일의 미래를 밝게 보게 하는 우리들의 희망이다. 그들은 이제 더 이상 우리가 돕는 대상이 아니고, 우리와 함께 새롭게 남한 사회에 진입하는 탈북민들을 돕는 아름다운 동역자들이다. 그들은 통일 한국의 밝은 미래와 희망을 보여주는 산 증인들이며 귀한 선물들이다.

아마도 이러한 이들 때문에 통선위 고참들의 이야기는 앞으로도 계속될 것 같다. 지금 이 시간에도 많은 탈북민들이 통선위와 함께하며 힘들고 어려운 남한 생활을 한고비 넘고 한걸음 나아가며, 올바른 신앙인으로 변화되고 있으며, 새로운 고참 반열에 동참할 준비가 되어가고 있다. 남과 북의 형제들, 자매들이 자유롭게 만나고 나눌 수 있는 통일의 그날까지 통선위 고참들과 함께 이 땅에서 통일이 준비되어 가는 과정을 볼 수 있다는 것은 통일 선교의 꿈을 가진 우리들만이 누릴 수 있는 특별한 기쁨이다.

5.2. 고백과 기도

남한에 정착하면서 느낀 소감

이○○ 집사

저는 1997년 12월 D강을 넘어 G국의 Y에서 3년, H에서 3년을 살았습니다.

애초부터 한국에 가려고 하였지만 저의 아내와 생각이 서로 달라 시련도 많았습니다. 그런 가운데에서도 나름 고민도 많이 하였고, H국 대사관 진입도 2번 실패하였으며 M국으로의 진입도 당시 전염병으로 이동이 통제되면서 실패하였습니다.

사실 혼자가 아니고 가족이 함께 움직이는 데에는 위험도 크고 경비도 많이 들어 여러모로 힘들었습니다. 그러던 중 2003년 8월 동남아로 돌고 돌아 2004년 1월 8일 인천공항에 도착 하였습니다. 가지가지 하도 많은 사연을 뒤로하고 안도와 함께 새로운 삶을 개척해야 했으며 무엇부터 해야 할지 몰라 고민할 때의 일들을 적어보려 합니다.

제가 이전에 가졌던 대한민국에 대한 생각입니다.

'발전 되었으며 자유와 민주주의가 어느 정도 보장되며 사람들이 나름 창조적인 사고방식을 표현하며 법이 있으므로 그 법이 나라를 유지

할 것이다. 어떤 민족이든지 문화는 달라도 사는 모습이나 형태는 비슷할 것이다.'

그랬기에 정착에 자신감도 있었습니다. 한국 입국 후 ○○원 교육 중 열심히 배웠지만 현실은 여전히 실전임을 다시 느끼게 되었습니다.

서울에 정착하도록 받은 날짜가 2004년 4월 8일입니다. 희망과 포부에 집 청소를 말끔하게 하고 하루가 지나 동네에 나가 집 위치를 익히느라 조금씩 거리를 다니며 주변 환경에 적응했습니다. 유치원생이나 다름없는 과정이었습니다. 이 과정이 어느 정도 끝나니 앞으로 어떻게 무엇을 하며 살아야 하는 느낌과 걱정이 몰려와 잠도 안 오는 시간의 연속 속에서 새벽에도 거리를 달리는 자동차들을 보면서 사람들이 경제 활동을 어떤 식으로 하는지 궁금했습니다.

무엇을 어떻게 하는지는 모르겠지만 밤과 낮이 따로 없이 사는 것 같았습니다. 왜냐하면 밤에도 거리에 차가 안 달리는 시간이 없고, 가로등 불빛도 계속 켜져 있는 것이었습니다. 잠도 안자고 달리는 자동차 등을 보면서 이 나라가 이처럼 발전된 이유를 알 것 같았습니다. 문제는 그러면 나는 무엇을 하며 살까하는 것이었습니다.

그러던 어느 날 남서울은혜교회 목사님이 저희 집에 방문을 하게 되었습니다. 하나원 담임목사님으로부터 연락이 된 것이었습니다. 하여 그가 인도하는 교회로 가보게 되었습니다. 교회도 집에서 얼마 멀지 않고 교회 또한 제가 생각했던 것과는 많이 다름을 알게 되면서 지금까지 다니고 있습니다.

교회에 다니면서 하나하나 배워도 세상살이를 배우기는 여전히 어려웠지만, 한 가지 생각한 것은 이북에서부터 항상 정치에 관심이 많던 터라 한국의 뉴스는 거의 빼놓지 않고 듣는 습관이 생겼습니다. 이런 습관은 아마 북에서 살때 현실과 당에서 말하는 것이 너무 천지 차이여서 언제면, 언제면 하며 기다렸던 것 때문에 생긴 것 같습니다. 나만 그런 것이 아니라 이북 사람들은 거의 그런 것 같습니다. 뉴스를 보면 이 나라가 유지되는 것이 참 이상할 정도로 혼잡한데, 밖을 보면 여전히 언제 그런 일이 있느냐 하는 기분이고 조용한 환경입니다.

그래도 이 나라 국민들이 가지고 있는 종교로부터 오는 선한 마음이 악한 마음보다 훨씬 많다는 것을 느꼈습니다. 나도 악을 멀리하고 선으로 살고 싶었습니다. 그리고 그렇게 사는 것이 자율적으로 되는 것이 아니라 어떤 조직에 배속되어 부단히 자기를 통제해야만 가능하다는 것을 발견하게 되었습니다.

그렇습니다. 만약 자유와 민주주의가 철저히 자기 위주로 이루어진다면, 그것은 무서운 패륜을 낳게 되고 진정한 자유를 얻지 못하게 된다는 사실을 알게 되면서 대한민국을 바라보는 시각도 달라져가는 시기였습니다.

먹을 걱정과 입고 쓰는 걱정이 없는 지금, 내가 '이 나라를 위해 무엇을 했는가?' 하는 마음이 생기면서 감사함을 알게 되고 무엇이라도 이 나라를 위하여 보답해야겠다는 마음이 생겨나게 되었습니다.

그때는 사실 혼자만의 생각이므로 옳게 보고 판단하는지 누구와 이야기 해볼 곳도 없었습니다. 늘 고마워해야 할 1순위 대상이라면 그래도 우리 보안계 형사님들이 아닌가 합니다. 사실 저의 인생의 동반자이자 일생동안 서로 알고 지내는 친구와 같은 분들입니다. 이 분들의 역할과 도움은 친형님과도 같은 것이어서 늘 고맙고 앞으로 인간적으로도 보답해야할 사람들이며 지금도 서로 교제하고, 소통하고 있는데 아마도 일생동안 함께 할 것 같습니다.

2005년 10월 쯤 되었을 때, 제가 다니고 있는 교회에서 탈북민 취업 지원 프로그램 중의 하나로 1개월간 직업교육을 해 주는 일이 있어

두말없이 참가했습니다. 그리고 과정을 수료함과 동시에 지금의 A회사에 입사하게 되었습니다.

처음 회사에 입사하면 시키는 일도 제대로 하지 못하여 못내 힘들었지만 50세가 넘은 저를 받아준 회사가 고마웠고, 나는 무언가 해야 된다는 것으로 열심히 배우며 어린 회사원들의 도움과 회사 경영진의 격려로 지금 8년이 넘는 회사생활을 하고 있습니다. 회사는 갓 조직된 때라 어려움도 있었지만 나의 회사이며 나의 일이라고 여기며, 나와 회사를 따로 생각해 본 적 없이 오늘까지 오게 된 데에는 신앙이 많은 도움이 되었음을 고백하지 않을 수 없습니다.

그때로부터 지금까지 회사에는 많은 변화가 있었으며 많은 사람이 바뀌었지만 저와 몇 사람은 지금까지 열심히 일하고 생각하면서 기도하는 지금의 저의 모습을 돌아보며 감사함을 다시 한 번 읊어 봅니다. 지금은 8년 전에 비하면 얼마나 발전된 모습으로 바로 선 생각과 마음 등을 보면 뿌듯한 마음이 들며 저를 여기까지 인도해 주신 주위의 여러 좋으신 분들께 감사하며 하나님께도 감사하며 살고 있습니다.

우리가 살고 있는 이 땅과 더불어 북한 사회를 이 땅과 같이 잘 살 수 있는 통일된 한반도로 만드는 사업에 기회가 닿으면 최선을 다하고 싶습니다. 주위를 둘러보면 참 할 일이 많습니다. 이런 일들을 다 감당할 수는 없지만 제가 할 수 있는 데까지 최선을 다하여 다가올 통일 한국을 만드는데 어떤 형태로든지 이바지 할 수 있는 저 자신을 부단히 단련하고 또 배우면서 열심히 살고자 합니다.

지금 저희 가정에서도 이전에 보지 못한 화목함을 찾았습니다. 저의 맏아들은 삼성전자 서비스 센터에서 일하고 있으며, 며느리 또한 병원 간호사로 어엿한 손주를 낳고 행복한 생활을 꾸려가고 있습니다. 둘째 아들은 중앙대 사회복지학과 졸업 후 1년 영어 연수를 다녀왔고,

지금 졸업을 앞두고 콜마라는 화장품 회사에 사원으로 입사하였습니다. 셋째 딸은 결혼하여 아들, 딸을 낳았고 사위 역시 북한 사람으로 주말 축구 교실을 하고 외국어대학 재학 중에 있습니다. 그리고 장인, 장모, 처제도 함께 탈북하여 지금 대한민국의 새 땅에서 행복한 생활을 하고 있습니다.

사실 우리가 그동안 이 땅에서 받은 것이 얼마나 큰 은혜였는지 이루다 말할 수 없습니다. 주거, 대학 공부, 생계비 등을 지원해 준 정부와 대한민국 국민들에게 감사하며 떳떳한 이 나라 국민답게 잘 살고자 합니다.

앞으로도 계속 탈북하여 남한에 정착할 이들을 위해 이 땅에 조금 먼저 온 선배로써 계속 열심히 배우고, 떳떳한 모습을 보여 주기 위해 노력하면서 몇 가지 느낀 점을 글로 옮겨 보려 합니다.

우리는 가진 것 없이 맨몸으로 여기에 와 처음 가졌던 생각은 '많은 돈을 빨리 또 많이 벌겠다' 하는 것이었습니다. 이 생각이 나쁜 것은 아니지만 여기에 빠지면 온갖 시험이 우리에게 다가올 수 있음을 나중에 알게 되었습니다. 그래서 탈북 후 남한 정착을 하려는 이는 누구를 막론하고 이북에서 보고 배운 것들을 버리고, 내 마음을 비우는 작업이 먼저 필요함을 알게 되었습니다. 왜냐하면 그래야 주위에서 좋은 생각을 가진 사람들의 말을 들을 수 있는 마음의 여유가 생기는 것을 알게 되었습니다. 욕심이 앞서면 흔히 '돈을 빨리 벌 수 있다'는 불법 다단계 등에 빠져서 생명과 같은 정착금마저 잃어버리는 것을 수도 없이 보았습니다.

그런 다음 주위를 둘러보는 여유를 가져보는 것입니다. 누구나 자기 주변의 사람에 대해서는 지내본 후에 서로 사귀게 됩니다. 하물며 남북한이 60년 동안 갈라져 지내왔는데 서로가 쉽게 믿고 사귈 수는 없습니다. 그런데 우리(탈북민)를 대하는 남한 사람들의 모습이 차가운 시선이라 합니다. 서로 다른 이념, 다른 두 체제 사이에서 서로 모르고 살다가 왔으니 서로를 이해하지 못하는 것은 당연한 겁니다. 힘들지만 이것을 극복해 내야 합니다.

그리고 '자유'라는 개념을 잘 이해하고 '민주화'의 개념을 바로 알 필요가 있습니다. 자유와 민주는 누릴 권리도 있지만 어떻게 누리느냐는 자기 자신에게 달려 있기 때문입니다. 법을 다 알 수는 없지만 상식을 어기는 행동을 절대 해서는 안 됩니다. 그러자면 이 나라 국민들이 어떤 사고방식을 하고 사는지 잘 알아야합니다.

우리들은 북한에서 조직생활에 지쳐 모이는 것을 싫어합니다. 어떤 사회든지 사람은 혼자 살 수 없습니다. 그래서 어떤 공동체 조직에 참여하여 서로 의지하며, 주고받으며 사는 것이 중요합니다. 물론 조직에 참여하는 여부는 자유의지이지만, 각자에게는 맞거나, 또는 자기 사명감과 맞는 조직에 배속되는 것이 필요합니다. 그 조직이(모임이) 다 자기 마음에 들 수는 없지만 그래도 근사치로 가지고 들어가야 합니다. 그것이 혼자 있을 때보다 유익합니다. 물론 좋은 의도로 출발하는 좋은 조직이여야 합니다.

자신의 세계관을 바로 정립해야 합니다. 그러자면 책도 많이 보고 공부도 해야 하지만 신앙을 가져 보는 것도 큰 도움이 됩니다. 신앙은 사람을 변화 시킬 뿐만 아니라 우리가 사는 인생에 많은 도움을 주며 바로 살 수 있는 방법을 제시합니다. 사람은 누구나 자기가 똑똑하다고 합니다. 이것이 사람을 교만하게하며 건방지게도하며 심지어 일생을 망치는 최초의 단서가 되기도 합니다. 우리는 하나님을 믿고 하나님을 배우고 믿음을 쌓고 그것에 기초하여 행위를 하면 누구나 자기가 원하는 것을 얻을 수 있습니다.

무슨 일이든 서둘러 결정하지 말고 좋은 사람들과 토론해 보는 것이 필요합니다. 우리가 토론을 안 하고 결정하면 거의 대부분 실패하거나 좋지 않은 결과가 나옵니다. 하나님을 믿으면 하나님께 기도하고 그대로 하는 습관을 가져야 합니다. 그래야 남한에서 정착에 성공할 수 있습니다. 그것은 우리 스스로 최고라는 자존심이 강해서 그렇습니다. 그러나 세상은 호락호락하지 않으며 냉정합니다. 여기서 희망의 좌절감, 상대적 무력감, 마음에 상처, 분노와 좌절 속에서 헤어 나오기 힘들어지는 경우가 주변에 많습니다.

좋은사람들의 모임에 들어가기 위해 노력해야합니다. 그러면 좋은 것을 많이 배우게 됩니다. 더불어 자기도 좋은 사람이 될 수 있어 좋습니다. 사람은 자기가 보면 본대로, 배우면 배운대로 옳다고 생각하는 존재임을 알아야합니다. 그러자면 교회에 가면 좋습니다. 교회라고 다 좋은 교회도 아니며 교인이라고 다 좋은 사람도 아니니 특히 사이비 종교, 이단 종교를 분별하는 지혜의 척도가 필요합니다. 하나님 앞에 부끄럽지 않게 살려는 사람들이 모인 곳이 교회입니다.

직장의 경우 한곳에 오래 있어 자기를 증명 받을 수 있게 신뢰를 쌓아야 합니다. 그래야 서로 믿음이 생겨 더 많은 기회와 행복이 옵니다.

마지막으로 개인으로 사업을 하기에는 힘든 시기이며 또 법을 어기지 않고 일확천금을 노리기도 힘든 시기이며 다시 말해 선진국 문턱에 간 시기인 만큼 60~70년대 사고방식으로 돈을 벌기에는 힘듭니다. 사회가 발전할수록 사업의 기회는 줄어들며 시스템이 갖춰져서 새로운 것을 하기가 힘듭니다.

주식회사에 들어가서 사업의 모습을 배우는 것이 특히 필요합니다. 이 과정에서 회사가 만들어지고 사업을 하면서 세금을 정부에 내거나, 직원의 복지를 동시에 추구하는 체계화된 법인회사에 들어가 사업을 배우는 것을 특히 추천합니다. 돈을 빨리, 많이 벌려는 생각보다 생긴 적은 돈을 잘 쓰며 지키는 기술부터 배우는 것이 순서라 생각합니다.

10년 쯤 배우고, 신중하게 생각하고, 다음 진로를 선택하는 것이 특히 안전한 것 같습니다. 이러한 이야기들은 제가 대한민국에 정착하면서 느낀 것이며 또 저 자신이 그렇게 한 결과 지금까지 별 문제없이 온 것 같습니다.

우리는 남한에서 통일되는 날을 앞당기기 위해 열심히 살며 이북에 두고 온 친척 친구들에게 떳떳하게 살 뿐만 아니라. 통일된 후에도 이북 땅에 훌륭한 통일 한국을 건설해야할 사명을 알고 현재를 열심히 살아가는 것이 국민들께 감사함을 표현하는 것이고 우리들이 잘사는 것이라 생각합니다.

더불어 이 모든 것을 지키며 살려면 하나님의 인도가 필요합니다. 제가 다니는 남서울은혜교회는 평생대학이며, 제가 믿는 하나님은 나의 평생의 선생님이며, 멘토가 되십니다. 저 북녘의 우리 동포들에게 복음을 전하며 내가 잘 됨 같이 그들도 잘 되며 복음을 전하고 하나님 나라 백성으로 다 행복한 통일 한국을 꿈꾸길 희망해봅니다.

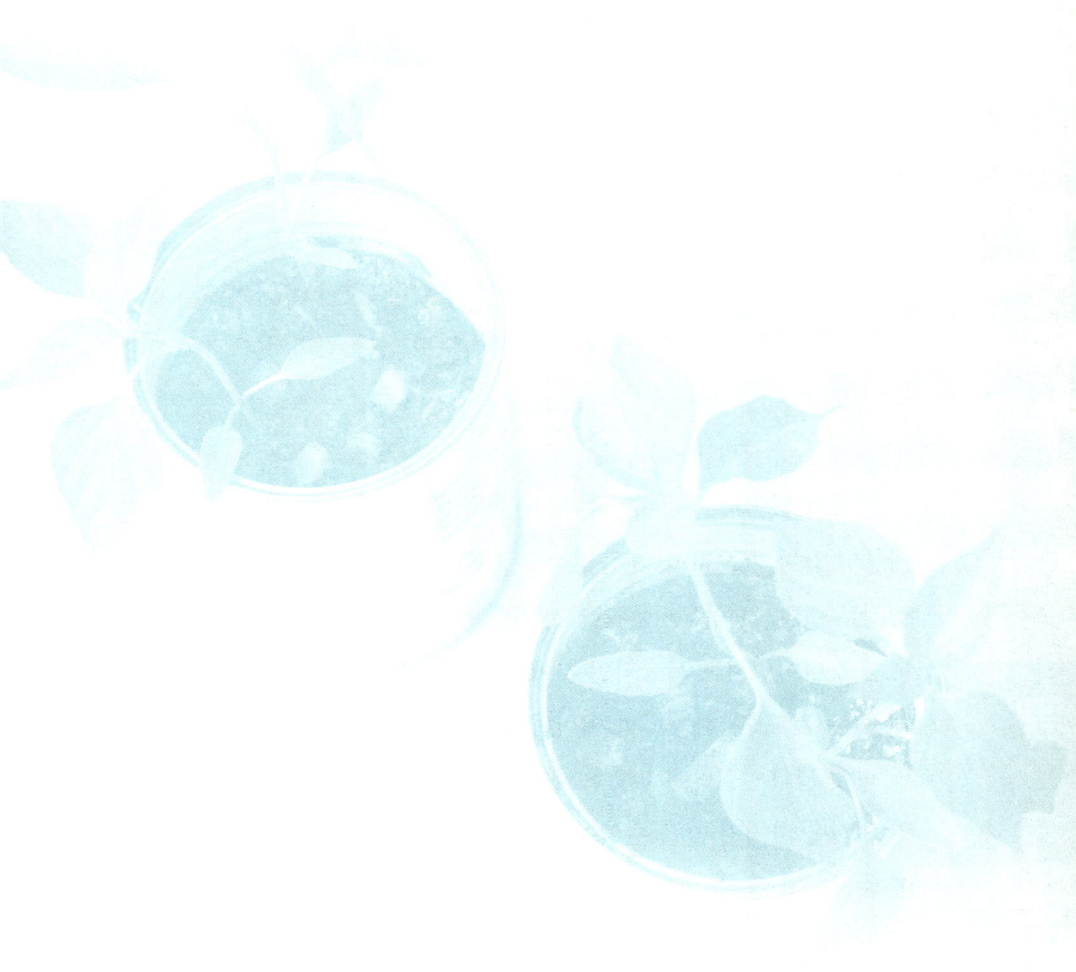

은혜의 간증

김○○ 집사

통선위 초창기부터 있었다는 이유로 목사님을 비롯한 장로님 권사님들의 사랑과 격려와 뒷받침 속에서 여기까지 온 김○○입니다. 갑자기 학교에서 쓰러진 아들이 무사히 퇴원할 수 있었던 하나님 은혜를 간증하라는 목사님의 부탁을 받고 여기까지 나오긴 했지만 저도 여러분과 다를 것이 없는 사람입니다. 북에서 오신 분들에게 하나님의 임재하심을 어떻게 한마디로 알릴 수 있을까를 고민하다가 믿음으로 기도하며 한마디만 전하기로 마음을 먹었습니다. 하나님을 어떻게 경험했는지를 듣고 하나님을 향한 여러분들의 마음에 변화가 오기를 기대합니다.

저에게 있어서 주명이는 아브라함의 이삭과 같은 존재입니다. 어린 아들이 갑자기 쓰러진 뒤 중병선고를 받고 수술 날짜까지 받았을 때의 심정은 정말……. 우리는 인간적으로 받아들이기 힘든 상황이 오면 하나님 자녀이면서도 세상적인 것에 매달리게 됩니다. 그런데 그렇게 하게 되는 것도 다 하나님의 예비하심 속에 있는 것임을 깨달았습니다. 입원 첫 날 1인실밖에 없었습니다. 극한 상황이었지만 그래도 경제적인 여건을 따지지 않을 수 없었습니다. 하지만 고민 끝에 그런 방도 나에게 차례가 올 수 있었던 것에 감사하는 마음으로 받아들이고 입원을 하기로 결정했습니다. 입원 후 곧 그것이 하나님께서 저를 기도의 대화로 인도하시는 것임을 알았습니다. 독방에서 할 수 있는 일이라곤 기도

밖에 없었던 것입니다. 그리고 결국 하나님의 기도응답을 들었습니다. 세상에 이럴 수가! 수술 날짜까지 잡혀 있던 아들의 수술이 갑자기 취소된 것입니다. 문제없이 다 나았다고 하는 것이었습니다.

저는 이번의 기도응답이 처음이 아니라 두 번째로 하나님의 임재하심이라는 것을 깨달았습니다. 2004년 북에 계시던 어머님을 한국으로 모셔오려던 중 G국 경찰에 체포되어 북송 위기까지 처했던 일이 있었습니다. 그때 우리 남서울은혜교회에서는 매일 눈물로 기도하며 어머님의 무사 귀환을 빌었습니다. 그러다가 어머님을 면회라도 해서 마지막 가는 길을 보낼 마음으로 한국을 출발해 목적지인 G국으로 가던 중 많은 사람들이 붐비는 속에서 북한 국경으로 북송하기 위해 떠나시던 어머님을 만났습니다. 어머님의 행처를 알고 난 뒤 다시 기도하며 밤을 새웠습니다. 그 후 공항에서 어머님을 만나게 해주심으로 어머님이 무사히 한국으로 올수 있게 되었습니다. 어머니와 아들을 통해서 응답주시는 하나님의 임재하심을 다시금 확인할 수 있었습니다.

우리는 북한에서 존중을 못 받고 살아온 사람들입니다. 하지만 이곳에서는 사랑과 존경과 채우심까지 받고 살아갑니다. 우리는 하나님이 안 보인다고 떼쓰며, 하나님을 보려고 애쓰지 맙시다. 우리의 삶 가운데 하나님을 믿는 사람들의 모습에서 하나님의 사랑을 확인할 수 있습니다. 봉사하시고, 섬기시고, 세상 밖에서는 상대할 수조차 없는 권위의 장로님과 권사님들, 집사님들이 눈물 흘리며 기도하고 우리의 불행을 두고 가슴아파하시고 토요일이면 어김없이 전화주시고, 기다리시고, 반가워하시고…… 이 모든 것이 하나님의 사랑이란 것을 느낄 수 있습니다.

이제 우리들도 받기만 하지 말고 다른 사람들에게 그들처럼 하는 것이 하나님의 사랑을 전하는 것입니다. 우리는 그들을 하나님을 더 깊이 알기 위한 도구로 사용할 수는 있지만 세상적인 것에 의거한 이기적인 목적으로 이용하지는 맙시다.

우리의 기도는 내 목적을 위한 기도가 아니라 하나님 방법에 순종하는 기도라야 한다고 생각합니다. 우리는 이 땅에서 우리가 좋아하는 일을 할 수는 없습니다. 그 땅에서 태어났음을 인정해야 합니다. 20년 이상 대한민국에 사는 사람들이 배운 지식과 우리들의 지식은 비교할 수 없는 수준입니다. 우리는 김일성 부자 밖에 배운 게 없습니다. 거짓 역사, 하나님으로 둔갑한 그들의 왜곡된 역사 밖에는 모릅니다.

그러므로 우리는 우리가 좋아하는 일을 하려고 하기보다, 할 수 있는 일을 좋아해야 합니다. 이 땅에서 대학을 나온 것도 아니고, 부모님 재산을 받은 것도 아닌 우리가 할 수 있는 것은 하나님 방법 밖에 없음을 깨달아야 합니다. 그렇다고 할 수 있는 것이 없는 것도 아닙니다. 우리는 우리 자식들이 하나님 자녀로서 그들이 좋아하는 일을 할 수 있도록 그들의 밑거름이 되어주어야 합니다. 저는 두 자식을 키우고 있는 엄마입니다. 제가 할 수 있는 일은 주일을 지키고, 아이들을 교회 데리고 다니고, 늘 하나님 안에서 키우는 것이라고 생각합니다. 세상적인 것에 매달려 부자들을 따라가려고 하면 그건 거의 불가능한 일입니다. 그러나 기도하면서 현재에 감사함으로 즐겁게 지혜롭게 능력을 더해주실 하나님을 기대하세요.

아들이 입원해서 마음 아파할 때 나동수 집사님의 문자가 왔었습니다.

"누님, 기도밖에 할 수 없네요. 그런데 그분이 그거면 된다고 하시네요. 힘내세요."

그때 깨달았습니다. 우리 아들이 나동수 집사님처럼 몸이 불편한 처지에 놓이게 된다하더라도 저 믿음이면 된다는 것을. 하나님은 늘 깨우침으로 우리를 승리하게 하심을 믿으십시오. 우리에게 다가온 상황을 순종으로 받읍시다. 우리에게 고난이 없으면 우리는 그분을 믿을 수가 없습니다. 고난을 통해 우리를 성숙으로 이끈다는 믿음을 가집시다. 북한 사람들에게 제일 힘든 인내를. 인내는 성숙의 열매를 낳으며, 육체의 기도가 아닌 하나님의 은혜로 행한 기도를 드릴 때만 우리에게 승리가 있다는 것을. 내 안에 만족이 없는 건 하나님이 없기 때문인 것을 깨닫고……

여러분 믿음으로 승리합시다!

항상 함께 하시는 그분이 계셔

최○○ 집사

사랑함이 평안이요, 행복이요, 성공입니다.

○○○에서 한국행을 준비하면서 많이 마음 설렜습니다. 죽음을 넘나드는 어려움을 함께 하면서 두만강을 건너와 한국 땅에 정착해준 너무 보고 싶었던, 15명이 넘는 사랑하는 내 가족과의 상봉이 몹시 가슴 설레게 했습니다. 또 3년 만에 귀환하는 한국에서 얼마나 많이 변화된 한국이, 얼마나 몰라보게 성숙한 많은 지인분들이 저를 맞아줄까 하는 설렘 때문에……

그 중에서 저를 가장 설레게 했던 것은 오늘날의 저를 만들어 준, 저의 영혼을 새롭게 태어나게 해 준 내 교회의 모습과 사무치게 그리운 분들과의 재회였습니다. 진짜 사랑함이 무엇인지, 평안이 무엇인지, 행복이 무엇인지를 가르쳐주신 분들…… '어떻게 하면 하나님이 만들어주신 오늘날 저의 모습을 하나님이 원하시는 대로 온전하게 더 완벽하게 그분들에게 보여줄까'하는 설렘으로 혼자 부푼 가슴을 달래보기도 했습니다.

생각해 보면 주님을 구주로 영접하고 나서 제 인생에 일어난 많은 변화들은 온전히 주님 안에서만 승리하는 삶을 살 수 있다는 믿음을 더욱 확실하게 해 준 시간들이었습니다. 조선 최북단, 지도에도 희미한 시골에서 태어나 어릴 적 책과 함께 소중하게 가꿔왔던 꿈들을 현실이라는 장벽 속에서 실망과 좌절로 포기하면서 자신에 대한 불신으로 항상 지쳐있던, 웅크리고 있던 주근깨투성이의 한 문학 소녀가, 어느 날 하나님의 부르심을 받고 여기까지 오게하신 하나님의 역사는 인간의 생각으로는 도저히 알 수도, 따라갈 수도 없는 넓고 위대한 역사였습니다.

저를 변화시키신 하나님은 참 멋있는 분이라고 감히 단정합니다. 어리석고 교만하던 시골 처녀를 끌어내시어 당신의 방식대로 죽음 앞까지 밀어 넣으셨다 끌어내시고, 당신 앞에 수백 번 더 무릎 꿇어 기도하게 하시고, 온전히 당신이 아니면 벌레보다 못한 존재라는 것을 사무치게 깨닫게 하신 후에야 당신의 방식대로 모든 기도에 응답해 주셨던 하나님. 하나님의 이끄심 앞에선 항상 순박한 어린애가 되어 그분이 인도하시는 대로 할 수밖에 없음을 깨달아가던 시간들…. 그 많은 간증들을 일일이 말씀드릴 순 없고 한두 가지만 들려드리려 합니다.

중국까지 힘들게 탈북 시켰던 언니가 떼어놓고 온 아들, 딸 때문에 도저히 한국 갈 수 없다며 유서 한 장 달랑 남겨 놓은 채 북한대사관을 찾아간다고 행방불명되었을 그때, 하나님이 제게 허락하신 것은 오직 기도뿐이었습니다. 10층 아파트에 살고 있던 제가 한밤중 12시에 15층 꼭대기까지 뛰어 올라가서 "하나님 현재 제가 당신한테 제일 가까이 올 수 있는 곳이 여기입니다. 제발 우리 언니를 살려주세요." 통곡 섞인 기도에 응답하시어 하나님은 인간은 생각할 수 없는 방법으로 행방불명된 지 2시간 만에 언니를 다시 돌려보내 주셨습니다. 두고 온 아이들 때문에 고통스러워하는 언니와 함께 중국 ○○에서 몇 시간 떨어진 ○산을 찾아서 제일 높은 봉우리에 올라가 하나님께 목 터지게 기도하게 해주셨습니다.

"언니, 우리가 이제 인간의 힘으로 할 수 있는 방법은 다 해봤어. 자, 제일 높은 곳에 왔으니 하나님께 기도하자. 그러면 하나님이 도와주실 거야."

그때 주님을 영접하지 않았던 언니는 저의 말에 반박하지 않고 머리 숙여 제가 하는 기도가 끝날 때까지 들어주는 놀라운 모습을 보여주었고, "하나님, 저의 아이들을 도와주세요!"하고 크게 소리 질렀습니다. 그 아이들이 오늘 산 증거로 남서울은혜교회를 내 집 안방인양 자유롭게 뛰어다니며 하나님의 놀라운 역사를 증거하고 있습니다. 제가 다섯 가족과 중국을 헤맬 때에도 한국행을 할 때에도 하나님은 모든 순간 순간들과 내 가족의 모든 시간들에 함께 하셔서 눈물로 무릎 꿇는 저의 기도에 응답하시고 중보기도와 십일조의 기적을 보여주셨습니다.

지금 저는 하나님이 늘 함께 하셨기에 화려하고도 숨 가쁘게 제 인생의 2막을 열었던 한국을 떠나 머나먼 이국땅에서 하나님의 빽으로 또 다른 변신을 꾀하고 있습니다. 하루하루 새롭게 거듭나게 해주시는 하나님의 섭리 속에서 날마다 멋있는 저로 변해갑니다. 그곳에서도 하나님은 당신의 뜻대로만 저를 길들여 가십니다. 교회가 없다는 이유로 믿음 생활을 게을리 하는 저를 가만두지 않으시고 한인교회가 있는 곳으로 끌어올리셔서 전혀 계획하지 않던 민박을 하게 하여 주시고 그 민박을 복음전파의 통로로 이용하게 해 주셨습니다. 또 어려움이 닥칠 때나 믿음이 약해질 때마다 사역자들을 보내주시어 기도하게 해 주시고 말씀을 전해 주십니다.

냉정하고 붙임성 없는 저를 길들여서 오시는 모든 분들에게 하나님의 사랑으로 섬길 수 있게 해주심이 저희 민박이 번창할 수 있는 큰 원천입니다. 이제 저에게 하나님이 없는 삶은 도저히 상상할 수도 있을 수도 없는 일이 되어버렸습니다. 자신감 없어 사람 만나기를 두려워하던 조심스럽고 못났던 어제의 저는 하나님의 든든한 배경을 가져 그 무엇도 두려울 것 없는 당당하고 자신감 넘치고 더 큰 미래를 향하여 날아오르는 한 마리의 독수리가 되어 있습니다.

서구의 사업가들이 말하는 사업에 성공하는 세 가지 비결이 있습니다. 바로 chance(기회), choice(선택), challenge(도전)입니다. 그것은 하나님의 은총이 있어야만 보여지고 이루어질 수 있다고 생각합니다. 이제 모든 것을 하나님께 맡겨버린 제 삶은 하나님이 함께 하셔서 지혜롭게 기회를 선택할 수도, 용기 있게 기회에 도전할 수도, 그 주신 것을 지혜롭게 사용할 수도 있을 것이라 확신합니다.

그렇다고 제가 모든 일에 완벽한 삶을 살고 있는 것도 아닙니다. 이 세상에 올 때 죄인으로 온 제가 완벽할 수 없는 것은 당연한 이치라고 생각합니다. 하나님은 인간의 본죄 때문에 교만하게 당신 곁을 떠나갈 수 있는 죄인을 다스리시려 꼭 기도 제목을 주십니다. 항상 아버지께 매달리고 아버지가 원하시는 삶을 살라고, 쉬지 않고 기도해야하는 이유를 주시는 것 같습니다. 항상 그분이 제 삶에 간섭해 주시기를 바라며 오늘도 세상의 영광을 홀로 받으셔야할 그분께 영광 돌리며 무릎 꿇어 기도합니다.

마지막으로 누구도 이해할 수 없는 험난한 어려움도 함께 겪어왔고, 주님 안에서 오늘의 행복한 삶도 함께 나누어 가기에 더 애틋한 저의 형제 탈북민 분들에게 한마디하며 마치렵니다. 전 생애를 독재 속에서 매주 한 번씩 남을 비판하는 훈련을 받으면서 비판을 해야만 다른 사람을 교육하고 변화시킬 수 있다고 생각하고 살아왔던 지난날들 때문에, 오늘도 그런 삶에서 벗어나지 못하고 비판하는 삶을 살고계신, 그래서 자신도 모르게 불행한 삶을 사시고 있는 분들에게 어느 책에서 빌려온 '행복을 창조하는 다섯 마디'를 소개하고자 합니다.

고마운 마음으로 "감사합니다."
따뜻한 마음으로 "사랑합니다."
겸허한 마음으로 "덕분입니다."
미안한 마음으로 "죄송합니다."
믿음의 마음으로 "기도하겠습니다."

비판의 말보다는 이런 행복의 말을 주고받을 때, 분명 주님이 주시는 복을 넘치게 받으며 매일매일 평안하고 행복한 삶을 살 수 있을 거라 확신합니다.

"당신은 사랑받기 위해 태어난 사람입니다."

무제

이○○

저에게는 하나님 아버지가 있습니다.

태어나 처음으로 눈에 익힌 어머니 얼굴, 자라면서 커가면서 그 어머니 없인 잠시도 살지 못 할 것 같았던 그 시절, 한 발 자욱 떼여도 다정한 어머니 그 손길 없으면 넘어 질것만 같아 마음 못 놓던 아기 시절, 커가면서는 아빠, 엄마 앞에서 귀여움으로 재롱을 피우며 부모님들 기쁘게 해드리며 사랑을 독차지 하던 그 시절, 이 세상에 저 혼자만이 아빠, 엄마가 있는 것처럼 그 누가 뭐 라 해도 "울 아빠에게, 울 엄마에게 다 말해 혼내주겠다" 으름장 놓던 그 시절. 그때엔 저 혼자 이 세상을 다 안고 있는 것만 같았습니다.

허나 세월은 나에게 행복만을 알게 하지 않았습니다. 이 세상엔 불행도 있다는 것도 알려 주었습니다. 철도 들기 전에 무정한 세상은 저에게서 아버지를 빼앗아 갔고, 자연은 나에게 엄청난 고난을 안겨 주었습니다. 엄청 불비한 전기 시설로 인해 집은 불타고 몸에 걸친 옷 한 벌로 험악한 세상을 살아가도록 하게 하였습니다. 때로는 맥을 놓고 그 자리에 앉아 죽어버릴 생각도 그 몇 번이었습니다.

그러나 인생은 저에게 힘없이 그저 죽을 것을 허락하지 않았습니다. 그리하여 저는 이를 악물고서 험악한 세월 맞받아 나가며 때로는 주저앉았다가도 힘을 내며 일어나 용기를 내어 이 세상을 맞받아나가곤 하였습니다. 어디에서 그런 힘이 생겼던지 오늘날에 와서 가만히 생각하여 봅니다. 모진 굶주림과 혹독한 추위 속에서도 어떻게 견디어 냈는지 오늘에 와서 가만히 생각하여 봅니다. 그때엔 어디선가 들려오는 그 소리 "일어나 걸어라 내가 너의 등 뒤에서 밀어주리라!" 하는 그 소리, 귓전에 들려오는 그 소리, 굶주림에 시달려 절망에 빠져들 땐 아빠 같은 다정한 분, 천사 같은 분들이 나타나 굶주림에서 구원 해주곤 하였습니다. 때로는 더는 견디기 어려운 고통 속에 몸부림치다가 지치어 그 자리에 주저앉아 편안히 잠들려고 할 때에도, 그 어디선가 들려오는 소리 "일어나 걸어라 내가 너를 도우리니!" 저도 모르게 그 소릴 들을 때면 힘과 용기를 내어 험악한 이 세상을 맞받아 나가곤 하였습니다. 세상을 힘들게 살아 갈 때면 이 세상에 태어나게 하여준 아빠, 엄마를 원망하면서 땅을 치면서 통곡하기를 그 몇 번, 인간의 초보적인 권리마저 무참히 짓밟히면서 굴욕을 당할 때에도 아빠, 엄마 하늘에 대고 원망하기를 그 몇 번이었는지 모릅니다.

"이렇게 살 바에는 차라리 죽고 말자!"

그럴 때면 어디선가 들려오는 그 소리 "일어나 걸어라! 내가 너를 도우리니! 일어나 걸어라! 내가 너의 등 뒤에서 밀어주리라." 그 어디에선가 들려오는 소리인지는 몰라도 그 소리에 힘을 얻고 이겨냈습니다. 견디어 냈습니다. 그리고 이 세상을 살아갔습니다.

생각해 봅니다. 가만히 지나간 옛 일을 추억해 봅니다. 그 땐 그 세월엔 다 몰랐어도 그러나 이제는 알 것 같습니다. 아마도 그 세월에는 알게 모르게 하나님 아버지가 저를 도와주신 것 같습니다. 북한 체제에서는 신앙이 없었고, 또 설사 신앙이 있다고 하여도 믿을 수 없는 것이 현실이었기 때문입니다. 그러나 제가 대한민국에 와서야 이 땅에 하나님이 계시어 우리들의 삶이 있고 행복이 있는 줄을 알았습니다. 제가 어려움에 처하여 목숨을 스스로 버릴 생각을 할 때마다 들려오던 그 소리가 하나님의 찬양으로 울려 퍼지고 있는 줄은 정말로 몰랐습니다. 지금 생각해 보면 하나님은 아마 저를 시험해보신 것 같습니다.

저를 이 땅으로 인도하여 주시려고 저를 시험하시고 그 뒤에서 나를 보살펴 주시고 저의 등 뒤에서 저를 밀어주시며 저를 대한민국의 땅으로 불러주신 것 같습니다. 이 땅에 와서는 하루빨리 정착을 하여 하나 된 대한민국 땅을 동방의 에덴동산으로 꾸리는 통일에 선각자가 되라고 격려해 주시고, 천사와 같은 교회 분들에게 인도하여 주시고, 상처로 얼룩지고 텅 빈 이 가슴을 고마움과 신앙으로 채워주고 계십니다. 저는 지금 이 자리에 서있는 것이 하나님의 뜻이고, 통일은 하나님께서 구상 하시는 일이며, 저는 지금 그 뜻을 받들어 나가는 하나님의 아들이라 생각합니다.

실제로 저는 무신론자였습니다. 그러나 제가 이 자리에 서기까지는 하나님의 인도하심이 있었고 제가 겪은 고생은 하나님의 시험이었으리라는 것을 오늘날에서야 어렴풋이 알게 됩니다. 저는 노래를 잘 부를 줄은 모르지만, 듣기도 좋아하고 즐깁니다. 그중에서도 "나의 등 뒤에서" 나오는 하나님의 찬가를 특별히 좋아한다고 표현합니다. 저는 아직 정착은 원만하게 하지 못하였어도 믿고 있습니다. 그리고 하나님의 저를 이끌어 주시기 위하여 노력하시는 모습도 보입니다. 저를 통일의 선각자, 통일된 동방의 에덴동산의 주인으로 키워주시기 위해 김영식 목사님과 김재훈 장로님을 비롯한 교회의 유능한 일꾼들을 저에게 보내 주셨고 저를 인도하심을 마음속으로 보고 하나님의 그 참된 뜻을 읽고 있습니다. 그래서 저는 세상을 향해 당당하게 외치고 싶습니다. "절망과 고독에 몸부림치는 이들이여! 부모 없이 이 땅을 저주하며 허무한 세월을 보내는 이들이여! 더는 고독과 절망에 몸부림을 치지 말라. 너의 등 뒤에서는 하나님 아버지가 계시고 너의 등 뒤에서 하나님 아버지가 너를 돌보고 계시며 너를 도우시고 계신다."라고 말입니다. 그리고 나를 아버지 없이 막자란 과부집 자식이라 멸시하던 자들에게 당당하게 말하고 싶습니다. "나에게도 아버지가 있다고, 이 세상에서 가장 위대한 하나님 아버지가 계셔 언제나 나를 돕고 계시다고……."

열 번 찍어 넘어지지 않는 나무가 없습니다

유○○

저는 60여 년간 하나님이란 말도 모르고 오직 주체사상만 배우며 진화론만이 진리요, 과학이라고 배우고 살아온 사람입니다.

자기 운명의 주인은 자기 자신이요, 자기 운명을 개척하는 힘도 오직 자기 자신에게 있다는 것이 철학적 진리라고 외치며 살아온 무지 몽매한 인간이었습니다.

그런 저에게 하나님에 대한 설교가 납득될 수 없었습니다.

하나님이 살아 계신다는 것도, 예수님이 우리 죄를 대속하셨다는 것도, 또 하나님이 모든 일을 주관하신다는 것도, 우리를 복종시키기 위한 하나의 속임수로 생각했습니다.

처음에는 그런 설교를 하는 사람들도 정신 나간 사람들이라고 생각했고 그런 사람들을 만나기도 싫어서 집에 찾아와도 문도 열어주지 않았습니다.

그러나 새생활 체험학교에 다니는 기간, 온누리교회에서 새벽기도를 하는 사람들을 보며 생각했습니다.

그처럼 수많은 청년들, 박사, 교수들이 울며 기도하는 모습을 보면서 그들이 저보다 아는 것이 없어서 저렇게 하나님을 부르며 눈물을 흘리며 그 무엇을 구하려 하겠는가하는 생각이 차츰 들기 시작했습니다.

여러 박사, 교수님들이 하나님에 대해 쓴 책들을 읽으면서 차츰 머리가 정화되기 시작했습니다.

그러면 나는 ·우선 하나님이 계신다고 가정하자.
·그런 다음 생활을 통하여 하나하나 증명해보자.
·그러면 반드시 결론이 나올 것이다.

저는 교회에 다니기 시작했습니다.
물론 아무런 믿음도 없이 무턱대고 다녔습니다.
남이 보기는 열성적으로 하나님을 믿는 것처럼 보였으나 아무런 믿음도 없이 결국 지금 생각해 보면 그때는 하나님을 몹시 의심하며 시험하려고 든 셈이지요.
(내가 아무리 기도해도 안 되는데 하나님이 어디 있단 말인가? 역시 자기 운명의 주인은 자기 자신이야!) 이것이 나의 고집이었습니다.
여러 차례 수련회에 가서 하나님의 말씀을 앵무새처럼 졸졸 외우기는 했으나 오직 그것은 제 머리의 육적인 지식일 뿐 저의 영적 변화에는 아무런 의미도 없었습니다.

그러나 열 번 찍어 넘어지지 않는 나무가 없다고 목사님들과 장로님들의 꾸준한 설교는 드디어 저에게 영적인 변화를 서서히 일으키기 시작했습니다.
그러던 중 2009년 8월 불광동에서 진행된 수련회에서 저에게 영적인 변화가 일어났습니다. 제가 마음속에 하나님을 영접했습니다.
저녁에 백일장을 하려고 종이를 들고 앉은 순간 자식들에 대한 생각에 눈물이 왈칵 쏟아져 말은 물론 글 한자도 쓸 수 없던 저의 마음을 우리 하나님이 잡아 주신 것입니다.
제가 만난 우리 하나님은 저에게 희망과 용기를 주시는 사랑의 하나님, 믿음과 소망을 주시는 하나님이었습니다.

-사랑하는 나의 딸들아. 사랑이 많으신 우리 하나님께서 너희들을 이 순간도 지켜주신다. 용기를 내어 억세게 살아라. 항상 아버지 하나님을 입으로 부르며 두 손 모아 기도하여라. 우리 하나님이 반드시 하나 된 조국을 우리에게 주실 것이다. 통일의 그날 우리 함께 만나 우리 아버지 사랑과 은혜가 많으신 하나님께 영광의 찬송을 불러 드리자.

저도 모르게 이런 글을 적어 나가던 나는 깜짝 놀랐습니다.
(아, 우리 하나님이 나를 이처럼 키워 주셨구나. 결국 저에게 희망과 용기를 주셨고 미래에 대한 확고한 믿음과 소망을 주셨구나) 생각하니 무척 기뻤습니다.

이튿날 아침 북한산에 올라 시내의 전경을 바라보면서 저는 하나님께 기도했습니다.

"하나님, 저 절반 땅 북한에도 이런 아름다운 도시들이 즐비하게 들어설 수 있도록 하여 주세요. 하나님을 모르고 속절없이 죽어가는 저 북한의 불쌍한 영혼들을 사랑하사 하나 된 조국을 우리에게 선물로 주세요. 간절한 이 마음 담아 우리를 사랑하시는 주님의 이름으로 기도합니다."

기도하면서도 저는 저 자신의 새로운 영적 변화를 발견하며 기쁜 마음을 금치 못했습니다. 순간 저의 귓가에는 요한복음 3장 16절에서 하신 하나님의 말씀이 들려오는 듯 하였습니다.

"하나님이 세상을 이같이 사랑하사 독생자를 주셨으니 이는 저를 믿는 자마다 멸망치 아니하고 영생을 얻게 하려 함이로다."

비로소 제가 우리 예수님을 영접하게 되었고 영생을 얻게 된 것이지요. 저의 눈에는 기쁨의 눈물이 흘렀습니다.

지난날의 슬픔과 절망의 눈물이 아니라 우리 주님을 영접하게 된 기쁨의 눈물이 말입니다.

그날 저는 속으로 기어코 하나님의 충실한 종으로 자신을 준비하여 조국이 통일되는 날 맨 처음으로 달려가 우리 하나님의 복음을 전달하리라 결심했습니다.

저는 사랑하는 저의 딸이 정치 수용소에 갔어도 이젠 울지 않습니다.

우리 하나님이 저와 함께 계시고 그 분이 저의 모든 일을 주관하고 계신다고 믿기에 저는 제 힘으로 할 수 없는 일을 모두 하나님께 맡겼습니다.

저는 하나님께 이렇게 기도합니다.

"아버지, 만일 저의 딸이 살았으면 건강히 지켜주시고, 죽었다면 아버지가 계시는 천국으로 데려가 주세요. 그러면 제가 이제 천국에 가는 날 기쁨의 상봉을 할 것이 아닙니까?"

여러분도 모든 근심 걱정을 하나님께 맡기세요.

마음속 아픔도, 억울함도, 증오와 분노도 다 내려놓고 하나님께만 의지하세요.

그러면 우리 마음이 편해지고 서로 사랑하며 화목한 형제로 될 것입니다.

감사 저금통

윤○○

　저는 하나님의 사랑으로 전립선암을 미연에 발견하고 수술을 받아 회복단계에 있습니다. 김영식 목사님께서 동전 저금통을 준비하여 동전이 생길 때마다 저금통에 넣으면서 감사와 좋은 일을 기록하라고 하셨습니다. 그래서 저금통을 준비하고 동전을 넣을 때마다 하나님께 감사하고 건강과 좋은 일만 생기도록 기도하였습니다.

　하루는 보건소 직원들이 집에 방문하여 어르신들의 건강을 위하여 피검사를 한다고 피를 뽑고 가더니 암균이 있기에 병원에 가서 조직검사 하라고 연락이 왔습니다. 나는 아픈데도 없으니 별일 없으려니 하고 분당 서울대병원에 가서 조직검사를 받았습니다. 그런데 결과는 전립선암으로 판정되어 순간에 가슴이 철렁하였습니다. 그 다음에도 병원에서 하라는 대로 수술을 받았으며 수술은 잘되어 지금은 많이 회복되어 암에 대한 무서운 생각에서 벗어나고 있습니다.

　이것은 주님의 은혜이며, 주님만이 하실 수 있습니다. 앞으로 주님의 사랑과 은혜에 보답하기 위하여 자신의 믿음을 더욱 키워 나갈 것이며 자신의 생활을 더욱 건전하게 하겠습니다.

30명중 3위

이○○

　매일 매순간이 감사 또 감사이지만, 이화여대 의류학과에 다니는 저의 딸 문○○가 패션 일러스트레이션 중간 평가에서 30명 중 3위를 했을 때의 감사와 기쁨은 형언할 길 없었습니다. 남한에서 어린 시절부터 미술을 체계적으로 배운 친구들이 태반이고 미대를 졸업한 학생도 여럿 있다는데 ○○가 탈북민인줄 모르시는 교수님의 평가가 3등이라니!!!

　독창성과 감각이 뛰어나고 이루말할 수 없 광채가 뿜어 나온다는 유명한 교수님의 평가!

　하나님 역사가 아니고는 상상할 수 없는 기적!

　하나님 감사, 감사 무한 감사합니다. 아멘.

딸의 헌금

강○○

　안녕하세요. 오늘도 하나님의 믿음 안에 기도하는 행복한 주일이 시작되었습니다. 하나님의 은혜로 행복한 삶을 누리면서 살아가는 가운데 항상 우리 옆에 계신 하나님, 우리의 모든 것을 주관하시는 하나님이시라는 그 믿음 하나로 하루하루 믿음 생활하고 있습니다. 2주전 주일 아침에 교회에 갈 준비를 하고 있는데 저의 딸이 아빠에게 돈을 달라고 말하는 것이었습니다. 천원 1장을 받아 쥔 딸이 그 돈을 헌금봉투 안에 넣는 것이었습니다. 아빠가 과자를 사먹으라고 준 돈을 말입니다. 그 순간 저는 가슴 한가운데 아주 말할 수 없는 그 무엇이 "쿵"하고 내려앉는 느낌이었습니다. '아, 이것이로구나 하나님의 그 은혜로움으로 우리 아이들이 벌써 믿음의 길을 가고 있구나.'하는 생각이 머리에 스치었습니다. 참 기쁘고 감사한 일이었습니다. 그래서 저는 이런 생각을 합니다. 하나님께서 역사하시는 모든 것이 꼭 이루어지고 언젠가는 저 북녘에도 하나님의 사랑으로 하나님의 나라가 꼭 만들어진다는 것을……. 감사합니다.

2011년 11월 가을의 끝자락에서

정○○

한결같은 자연 환경의 빛들이 성숙하고 차분해진 가을 언저리에서
지금까지 삶에서 감사가 없다고 한다면,
살아옴 자체가 의미가 없는 것이라고 생각한다.
지금의 나는
매일 매일 하나님, 인격의 하나님을 만나고자
아침에 일어나 잠시 기도 중에 바라고
하루의 바쁜 일상 속에서도
부드러움과 평안함으로 만나 주시는 하나님을 바란다.
그 기대가
매일의 삶을 사는 내게 큰 힘이 되고 에너지가 된다.
성경의 이론도 삶의 적용도 부족하지만 매일 만났던 하나님을
저녁의 일상까지 끝내고 눕는 순간에 기억해 보면
하루를 감사드린다.
그러므로 걱정은 우리에겐 의미가 없다.

하나님의 위대한 역사를 이루소서

전○○

사랑의 하나님, 감사합니다. 하나님의 관심 속에 행복하게 또 즐겁게 보내고 이렇게 한 자리에 모여 아버지께 기도드림을 감사합니다. 하나님 아버지, 통일에 대한 희망은 많은 사람들의 간절한 소원입니다. 분단으로 인하여 헤아릴 수 없이 많은 정신적 육체적 고통과 아픔을 당하는 사람들이 있습니다.

아직도 북한의 독재체제가 존재하고 그 전의 수법대로 핵미사일로 세계를 우롱하고 진실을 외면하며 북한 인민들에게 큰 고통을 더하고 있습니다. 많은 탈북자들이 중국과 제3세계를 방황하며 인간 이하의 삶을 살고 있으며 한시 바삐 하나님의 구원의 손길을 바라고 있습니다. 이 시간이 얼마나 지속되고 또 얼마나 많은 사람들이 더 고통을 받아야 하는지 그 해결책은 무엇인지 우리는 오직 우리의 힘으로 할 수 없기에 아버지께 구원을 청하며 하나님의 위대한 역사를 기대하고 있습니다.

하나님 아버지, 한국에 들어온 우리 탈북자들이 정착에 많은 어려움을 겪고 있습니다. 제도가 다르고 문화가 새로워 적응하기 쉽지 않고 또 학업적인 차이로 많은 어려움을 겪고 있습니다. 참 안타까운 일이지만 이것은 우리가 하나님께 감사하며 겸손하며 간절히 기도하면 하나님의 위대한 역사가 이루어짐을 믿습니다.

하나님 아버지, 우리 통선은 하나님의 역사로 이루어진 남북한의 자그마한 하나의 통일체입니다. 아버지께서 우리 통선의 리더들에게 건강과 능력을 주실 성령이 임하여 그들이 진행하고 있는 사역들이 성과적으로 진행되고 실현될 수 있도록 역사하여 주옵소서. 통선이 주관한 정착지원센터 5기 모집과 실행이 성공적으로 진행되게 하여 주시고 앞으로 우리 탈북민들의 정착지원에 큰 도움이 될 수 있도록 역사해 주옵소서.

이제 말씀을 전하실 우리 목사님, 성령 충만케 하시어 말씀 한 구절 한 구절이 우리의 마음에 와 닿을 수 있도록 하여 주옵소서. 감사하오며 이 모든 말씀 우리 주 예수 그리스도의 이름 받들어 기도드립니다. 아멘!

북한 동포들에게 복음의 빛을 주소서

최○○

사랑의 주님, 찌는 듯한 폭염 속에서도 우리를 지켜주심에 감사와 찬양을 드립니다. 저희의 연약함을 아시고 그냥 두지 아니하시며 십자가의 보혈로 구원하셔서 죄 가운데 두지 아니하시고 하늘나라 백성으로 삼아 주시니 감사합니다. 이 시간 우리의 마음 문을 활짝 열고 주님의 말씀을 받게 하시고 세상살이에 찌든 마음과 상처받은 마음을 위로하여 주시옵소서.

회개를 받으시길 원하시는 주님, 언제나 동일하신 사랑으로 우리를 안아주셨지만 감사하지 못하고 불평하며 살아온 죄를 뉘우치고 회개합니다. 주님이 아니었더라면 우리 인간이 만든 범주에 갇혀 경쟁 사회에 적응하지 못하고 좌절하고 자존감을 상실해 벌써 죽어 마땅한 저희들이었습니다. 저희들의 삶을 온전히 주님 앞에 내어 드립니다. 골고다에 흘리신 주님의 보혈로 깨끗케 하여 주시옵소서. 새로운 믿음의 사람으로 변화시켜 주시옵소서.

이 민족을 사랑하시는 주님, 이 민족이 복음화 되어 주님을 섬기는 새 사람으로 변화 받아 하나님 나라를 이룩하는데 합심, 협력하게 하시고 사분오열 하지 않게 도와주시고 주님, 두려움을 아는 믿음으로 서로 세우게 하시고 서로 섬기게 하시고 서로 격려하게 하셔서 어려운 이웃에게 나눔이 있는 아름다운 민족이 되게 하시옵소서.

지금 이 시간도 어둠속에 방황하는 북한 동포들에게 복음의 빛을 주시고 마음 속 고통을 헤아려 주시고 위로해 주시옵소서. 저희들의 마음속에 그리움으로 가득 차있는 가족들을 구원의 손길로 어루만져 주시고 지켜주셔서 하루속히 주님 품으로 돌아와 하나되게 하시옵소서.

이 시간 우리의 심령이 변화되며 상한 마음이 치유되고 질병이 치유되며 건강을 붙들어 주시고 개인과 가정에 사랑이 회복되게 하옵소서. 자녀들의 건강을 지켜주시고 지혜의 은총을 주셔서 학업에 충실하게 하시고 주님 나라에 쓰임 받는 자녀들 다 되게 하여 주옵소서. 주님의 종으로 쓰임 받는 교역자들을 언제나 사랑하여 주시고 하시는 모든 일 하나하나 함께 해 주시옵소서. 주님과 동행하는 통일 선교회를 기억해 주시고 부흥시켜 주시고 믿음으로 한 마음 한 뜻되게 하시옵소서.

주님을 믿노라 고백하면서도 하나님 명령에 순종하지 못하고 세상과 짝함은 예수님을 다시 한 번 십자가에 못 박는 일임을 깨닫게 하시고 매일 주님 앞에 나가 나의 생각을 죽이게 하시고 온전히 주님을 영접하는 신앙고백이 되게 하시옵소서.

사랑의 주님, 담임 목사님이 전하시는 말씀에 성령의 감동하심이 충만케 하옵시고 양떼를 푸른 초장으로 인도하게 하시며 주님 뜻에 합당한 말씀을 허락하시옵소서. 갈급한 심령들 위에 은혜의 말씀으로 가득 채워 주시고 날마다 주님과 동행하는 귀한 삶으로 붙들어 주옵소서. 청년 통일 선교 북방 사역팀의 선교에 함께 동행해 주시고 가는 길과 오는 길까지 모든 일들이 주님의 은혜 속에 진행되기를 바랍니다. 예배를 돕는 모든 손길 위에도 하나님의 영광이 되게 하시옵소서. 예수 그리스도 이름 받들어 기도드립니다. 아멘.

성령의 바람으로 통일의 문을 여소서

김○○

고마우신 하나님 아버지 감사합니다.

하나님 아버지 은혜 가운데 제가 이 세상에 다시 태어났고, 새로운 삶을 살고 있습니다.

아버지 하나님을 모르고 살았던 저희들을 용서하여 주옵소서.

저희들은 부족하고 능력이 없습니다.

저희들에게는 아무 것도 없습니다.

마음에는 상처가 가득합니다.

부족한 저희들을 채워주시고, 고쳐주시고, 보호해 주시고, 저희들의 길을 인도하여 주옵소서.

저 북한에 있는 지도자들도 이제는 부귀와 영화를 채우지 않고 인민들을 더 속이지 않게 하여 주옵소서.

그들의 눈을 뜨게 하여 주옵시고, 성령의 바람을 맞아 개혁·개방의 길을 열어주시고 남북통일의 문을 활짝 열어 주옵소서.

저희들이 이 한국 사회에 정착을 잘할 수 있도록 은총을 베풀어 주시기를 간절히 바라며 살아계신 예수님의 이름으로 기도하옵나이다. 아멘.

부록

*탈북민 정착을 위한 Tip

1. 탈북민과의 관계

① 편견이나 선입견으로부터 탈피하여 객관적으로 대한다.
② 탈북민들의 부정적인 감정까지도 잘 경청하고 표현을 격려한다.
③ 비현실적인 보장이나 정확하지 않은 해석과 판단은 하지 않는다.
④ 탈북민들의 감정에 민감성을 갖고 그의 감정을 충분히 이해하고 이에 적절한 반응을 한다.
⑤ 인간의 존엄성과 가치를 인정하며 탈북민을 "있는 그대로" 수용한다.
⑥ 탈북민 스스로 내적, 외적 자원을 발견하고 활용할 수 있도록 격려하고 자극을 준다.
⑦ 탈북민의 개인적인 삶에 대해 궁금한 것이 많아도 먼저 묻지 않고 북한 이탈주민이 먼저 마음을 열고 대화하기 원할 때 응한다.
⑧ 탈북민의 비밀을 절대적으로 보장한다.
⑨ 서둘러 전도해서는 안 된다.
⑩ 신뢰 가운데 전도하고 성경공부 한다.
⑪ 정치적인 대화를 하지 않는다.

2. 탈북민을 바라보는 시각

- 탈북민에 대한 잘못된 시각
① 북한의 생활방식과 사고방식은 무가치하다.
② 편하고 보수가 높은 작업을 원하면서 노력은 안 한다.
③ 가족과 고향을 버리고 온 매몰 찬 사람들이다.
④ 북한 정권에 대한 혐오감과 북한에서 왔기 때문에 거리감이 있다.

- 바람직하게 보는 시각
① 북한의 독재 체제에서 탈피하여 자유를 찾아온 용기 있는 사람들이다. 이들은 목숨을 걸고 북한 사회를 탈출한 용기와 능력을 지닌 사람들이다. 이러한 특성을 하나의 자산으로 생각하고 더욱 발전시켜 탈북민 자신은 물론 국가와 사회에 유익한 방향으로 활용할 수 있어야 한다.
② 북한 사회에서 교육받고 책임 있는 성원으로 살아왔던 사람들이다. 이들은 북한에서 소중한 삶과 생활 배경을 가지고 있는 사람들이다. 그러므로 탈북민들은 대한민국으로 입국하는 순간 새로운 삶을 시작하는 것이 아니라 대한민국에서도 연속적인 삶을 살게 되는 것으로 이해해야 한다.
③ 탈북민은 남북한 양쪽을 잘 알고 있는 사람들로 통일 이후 북한 지역 재건과 남북한 주민들의 통합에 중요한 역할을 할 사람들이다.

3. 활동수칙

① 봉사활동의 한계를 분명히 한다.
　소속기관의 규정과 실무자의 안내에 따라 정해진 업무의 경계를 넘어서지 않는 범위에서 활동한다. 개인적으로 판단하여 무분별하게 지원하는 것은 옳지 않다.
② 끊임없이 공부하며 배우는 자세를 갖는다.
　정착초기, 다양한 문제와 복합적인 욕구를 가지고 있는 탈북민들을 대상으로 하는 봉사활동은 전문적인 지식이 요구된다. 변화하는 정책이나, 환경을 파악하여 정확한 서비스를 제공해야 한다.

4. 정착지원 봉사자의 태도

① 역사적 관점에서 탈북민을 바라본다.
　복합적인 욕구를 가진 탈북민들을 돕는 일은 쉬운 일이 아니다. 탈북민들을 돕는 봉사활동을 하면서 때론 화가 날 때도 있고, 이들을 왜 도와야 하는지에 대해 의문감 들 때도 있을 것이다.
　그러나 내 동포이며, 예전에 우리가족이었던 이들과 다시 만나 살게 된 것을 축복으로 생각하며 역사적 관점에서 받아들여야 한다.
② 역지사지의 태도를 갖는다.
　통제되고 심각한 경제난에 처해 있는 북한 사회 그리고 그 속에서 살아왔던 북한 주민의 삶을 이해하고, 긴 탈북 여정과 우리사회 적응 과정에서 겪어왔던 힘든 상황을 이해하려는 태도를 가져야 한다.

그들이 도움을 받기 원할 때 도움을 주며, 과거 어떤 상황에 대해서 "왜?"라고 캐묻지 않아야 하며, 무시하지 않아야 한다.

탈북민들과 친근하고 가까운 관계를 맺었다고 할지라도 그들의 삶에 과도하게 관여해서는 안 된다. 탈북민들이 자신의 삶을 스스로 결정하고 자신의 노력으로 행복한 삶을 살아가도록 자립을 격려하고 지원해야 한다.

③ 남북한 문화적 차이에 대한 민감성을 갖는다.

북한의 문화와 북한 사람들의 사고가 이질적이라 할지라도 각자의 문화를 존중하며 수용하려는 태도를 갖는다. 서로 다른 문화와 가치, 전통을 수용하고 관찰하여 남북한 사람들이 어떻게 통합될 수 있을지에 대해 대화한다. 남한의 문화와 생활방식이 우월하다고 생각하고, 그들의 살아가는 방법과 신념을 판단하는 기준으로 삼아서는 안 된다.

(출처: 임용석. 「통일, 준비되었습니까?」. 서울: 진리와 자유, 2011)

*탈북민을 만날 때 이 점 꼭 기억해주세요!

1. **탈북민들이 경험한 북한 생활과 제3국에서 배운 것을 존중하라.**

'당신들이 북한, 제3국에서 배운 것은 모두 다 버려라.' 이런 태도는 탈북민들의 자존심을 상하게 할 뿐 아니라 대화의 단절을 낳는다. 이것은 바람직한 대화의 기술이 아니다. 인간 관계하는데 있어서 상대방을 얼마나 존중하는가가 중요하다. 다음은 성도님 중 한 분이 탈북민과 성경 공부 시간에 나누었던 대화 내용이다.

성도님: 고생 많지!
탈북민: 아닙니다. 고맙습니다.
성도님: 그런데 말이지, 내가 형제님을 잘 살펴보니 그런 정신 가지고는 남한에서는 일 못해.
탈북민: (화를 내면서) 제가 어떻게 했는데요?
성도님: 처음부터 배운다는 생각으로 다시 시작하라고.
탈북민: (자리를 박차면서) 그러면 성도님은 처음부터 잘 했어요?

이런 대화는 격려와 힘을 주기보다는 상처를 주는 대화이다.

2. 대한민국 국민으로서 앞으로의 꿈과 비전에 대해서 나누어라.

대한민국 국민으로서 희망과 자부심 그리고 소속감을 갖도록 도와주라. '탈북민들은 2등 국민, 3등 국민이다.'는 느낌이 들지 않고 꿈을 가질 수 있도록 돕는 것이다. 탈북민들은 자기보다 먼저 한국에 입국한 탈북민들이 한국 사회에서 적응하지 못해 힘들어하는 것을 이미 잘 알고 있다. 꿈을 꿀 수 있도록 도우라.

3. 남한에서 가장 가고 싶은 곳이 어디인지 물어보라.

탈북민들은 대한민국 발전상에 놀라는 경우가 많다. 어떤 분들은 남한을 천국처럼 이야기하는 분들도 있다. 그래서 남한의 이곳저곳에 대해 궁금해 할 것이다. 아마도 제주도, 경주 같은 곳을 가고 싶어 할지도 모르겠다. 짧은 여행이라도 함께 하면서 서로를 알아가는 것은 탈북민과 가까워질 수 있는 좋은 방법이다.

4. 탈북민들이 가지고 있는 재능이나 강점에 대해 이야기를 나누라.

북한에서 전기 기술자로 일하셨던 탈북민 한 분이 동일한 전기 기술을 가지고 있는 남한 집사님과 만나자 시간이 가는지 모를 정도로 오랫동안 대화 나누는 것을 본 적이 있다. 역시 자기 분야, 비슷한 취미에 대해 이야기하는 것은 마음이 하나 되는 지름길이라 할 수 있다. 비록 다른 체제에 살았지만 서로의 공통분모를 찾는 것이 중요하다.

5. 탈북민들이 '분단된 남과 북의 하나 되는 다리를 놓는 사람들'이라는 사명감을 갖도록 도우라.

비록 남한에서 힘들고 어려운 날을 보내고 있지만 '우리가 바로 남한과 북한을 잇는 사람들이다'는 긍지를 심어주는 것이 중요하다. '우리는 통일 일꾼이다.'라는 사명을 늘 강조하고 준비시키는 것이 좋다. 이것은 지나온 힘든 시간에 대한 또한 미래의 힘든 시간을 버틸 수 있게 하는 중요한 삶의 의미가 될 것이다.

6. 정치적이나 사상적인 이슈를 가지고 대화를 하지 말라.

탈북민들과 함께 성경 공부 혹은 차를 마시면서 가벼운 대화를 하는 가운데 불가피하게 정치적·사상적 대화를 할 수 밖에 없는 상황이 있을 수 있다. 이런 상황에서 우리는 주로 듣는 입장으로만 있는 것이 좋다. 왜냐하면 탈북민들이 가지고 있는 정치적 문제는 답이 없는 경우가 많기 때문이다. 우리도 광주사태를 일으킨 전두환씨를 동경하는 사람들이 있듯이 탈북민 가운데서도 김일성 동지를 존경하는 사람도 있다. 그러므로 이러한 주제가 나오면 듣는 것으로 어느 정도에서 정리를 해야 한다. 아니면 다른 화제로 바꾸는 것이 좋다.

7. 억지로 복음에 대해 탈북민들을 설득하려고 하지 말라.

이미 대다수 탈북민들은 탈출 과정 속에서 수많은 교회와 선교사의 도움을 받았다. 그래서 탈북민들에게는 복음으로 사는 삶을 보여주는 것이 중요하다. 제 3국 피난처에서는 신약 성경 전체를 암송하는 분도 있고, 기도하는 가운데 신비한 경험을 하시는 분도 있다. 그러나 탈북민들 가운데 성경 암송하고 방언도 하는데 한국에 와서 주님의 첫사랑을 잊어버리는 경우가 허다하다. 그래서 각자의 형편과 상태를 잘 살펴서 돌보는 것이 필요하다.

8. 북한 제도와 문화를 폄하하지 말라.

남한에서 잊어버리고 무시해 버렸던 미풍양속이 아직도 북한에서는 그대로 남아있다. 예를 들면 단오제, 동짓날, 한식 등 아름다운 절기를 지켜 내려오고 있다. 남한은 오히려 상업주의, 물질 만능주의로 빠져 발렌타인데이, 화이트 데이, 빼빼로 데이 등 국적불명의 기념일들이 아름다운 전통을 훼손시키고 있다. 탈북민들의 시각으로는 이런 날들이 너무나 이해가 가지 않는다. 이점은 우리도 깊이 새겨 볼 만한 것이다.

9. 탈북민들을 단순히 동정하지 말라.

탈북민들 대다수가 자주 하는 말이 있다. "단지 북한 땅에 태어났다는 그 죄밖에 없다. 그러니 우리들을 동정하지 말라." 불쌍하다는 눈빛이 아니라 동지, 친구로서 그 모습 그대로 받아 달라는 것이다. 그리고 '형제애로써 도와줄 수 있으면 생색내지 말고 조용히 도와주면 좋겠다.'고 이야기한다. 북한 사람들은 불쌍한 사람들이 아니라 우리 동포이다. 탈북 동포는 통일을 준비할 동역자로 하나님께서 보내 주신 큰 축복인 것이다.

10. 공감적인 태도로 탈북민의 이야기를 들어줌으로서 정서적인 지지자가 되라.

겉으로 보기에 이해할 수 없는 비합리적이고 모순된 탈북민의 행동이나 사고는 사회 문화적으로 다른 체제에서 살아남기 위한 적응양식일 가능성이 높다. 언뜻 보기에 쉽게 이해되지 않더라도 탈북민의 시각에서 이해하려는 노력을 기울이며 만나라. 이렇게 저렇게 하라는 지시나 정답을 얘기하는 것은 전혀 도움이 되지 않는다. 쉽게 판단해버리는 것은 자신의 얘기를 못하게 만들어 버린다. 판단을 보류하고 일단 이야기를 털어놓을 수 있도록 편안하게 만들어 주라.

11. 지속적인 관계를 유지하고 장기적인 시각을 가지라.

불신과 불안의 긴 세월을 보낸 경험으로 인해 탈북민과 단시간에 신뢰 관계를 맺기가 어려울 수도 있다. 따라서 짧은 시간의 열정보다는 장기적인 관심과 인내가 요구된다. '너랑 같이 지낸다.', '너와 나는 이웃이다.'라는 느낌을 주는 장기적 관계가 요구된다. 너무 도와주려는 태도보다는 함께 살아간다는 마음을 가지라.

12. 지나친 기대감을 주지 말고 한계를 분명히 하라.

탈북민들을 만나면 여러 가지 부탁을 받는 경우가 많다. 일자리, 자녀 교육, 질병 문제, 북한에 있는 가족 문제 등등. 그것에 대한 남한 사람들의 대답은 대개 한번 알아보겠다는 것이다. 그런데 이러한 대답을 탈북민들은 요구에 대한 승낙으로 받아들여서 그대로 믿고 시간이 갈수록 답이 없는 것에 대하여 배신감을 느끼는 경우가 많다. 그래서 남한 사람들은 탈북민을 만날 때 할 수 있는 것이 어디까지인지를 분명하게 밝히는 것이 중요하다. 애매모호한 답은 상대방에게 여러 가지 지나친 기대를 가지게 만든다.

13. 가족사에 대해서 구체적으로 묻지 마라.

탈북민 대부분은 가족들과 헤어져 고통을 당하고 있기 때문에 가족에 대해 묻는 것이 본의 아니게 대단히 아픈 상처를 건드리는 것이 될 수 있다. 물론 탈북민 스스로 먼저 가족에 대해 이야기 할 때는 같은 마음을 가지고 아파하는 것이 중요하다. 더 나아가서 그 가족을 위하여 같이 기도하면 그 탈북민과 하나가 되는 걸 경험하게 될 것이다.

14. 대화의 비밀을 꼭 지켜주라.

탈북민들은 사연들이 많다. 그 내용들은 대개 눈물을 흘리지 않고서는 들을 수 없는 것들이다. 그런데 이러한 사연이 여러 사람을 거치면서 소문이 나기 시작하면 사연의 본질은 사라지고 이상한 형태로 와전될 때가 많다. 한 탈북민의 부모님은 북한에서 힘들지만 나름대로 행복하게 살고 있었다. 그런데 북에 부모님이 계시다는 걸 알게 된 어떤 분이 그 부모님들이 아마도 사망을 했을 것이라고 지나가는 말로 얘기한 것이 발단이 되어 북에 있는 부모님이 사망한 것으로 소문이 났다. 후에 그 사실을 알게 된 그 탈북민이 너무 어이없어 하며 화를 낸 적이 있다.

15. 돈 거래를 하지 마라.

이 지침은 너무나 당연한 것처럼 보이지만 쉽게 고쳐지지 않는 부분이다. 한국에 있는 교회들 가운데 물질 때문에 어려움을 당하는 경우가 허다하다. 교회 내에서 경제적인 이익을 위해 돈 거래하는 것 그 자체만으로 사탄이 역사한다. 성도 간에 돈을 빌려주고 갚는 거래를 하는 것은 대단히 위험하다. 우리 공동체 안에서도 이와 같은 일이 한 번 있은 후 공동체가 흔들리는 것을 경험하였다. 한 지체가 어려울 때 사랑으로 서로가 힘을 합쳐 도와주는 것이 보다 성경적이다.

16. 가능한 '예'와 '아니오'가 분명한 직설 화법을 사용하라.

남한 사람들은 간접 화법을, 북한 사람들은 직접 화법을 사용하는 경우가 많다. 남한 사람들은 부정적이거나 불쾌한 이야기도 돌려서 표현하는 반면에, 북한 사람들은 거르지 않고 있는 그대로 내보이는 경우가 많다. 남한 사람들은 이야기를 할 때 간접적으로 표현하면서 긍정도 부정도 아닌 채 습관적으로 "그렇군요. 네. 네."라고 대답하지만 탈북민들은 이것을 긍정으로 받아들인다. 한 번은 명절에 교회 청년들과 한 탈북민 가정을 방문해서 재미있는 시간을 보내고 자연스럽게 사진을 찍었다. 서로 이메일을 주고받은 후 사진을 보내주기로 약속했는데 두 달 후에 그분으로부터 한 통의 전화를 받았다. 왜 약속을 지키지 않느냐며 자신은 몹시 모욕감을 느낀다고 무척 화를 냈다. 정확하게 처리되지 못한 점을 사과하고 한국에서는 사진을 찍고도 잘 안보주는 경우도 흔히 있다고 설명한 후 마무리는 잘 되었지만 북한에 가족들이 남아있는 탈북민에게 사진이 매우 민감한 부분일 수 있다는 점을 고려하면 이해도 되는 행동이다. 이렇게 탈북딘들은 말을 액면 그대로 믿는다. 소위 남한 사람들의 '립 서비스'를 이해하지 못한다. 그래서 남한 사람들의 언어 습관이 잘못 이해될 때 믿지 못할 사람으로 비추어질 가능성이 크다.

(출처: 임용석. 「통일, 준비되었습니까?」. 서울: 진리와 자유, 2011)

국립중앙도서관 출판시도서목록(CIP)

통일, 우리는 이렇게 시작했습니다 : 남북이 하나되는 교회 두번째 이야기 /
엮은이: 남서울은혜교회 통일선교위원회 10주년사편찬위원회. – 서울 : 포앤북스, 2013
  264p. ;   cm

권말부록: 북한이탈주민 정착을 위한 Tip ; 탈북민을 만날때 이 점 꼭 기억해주세요!
ISBN 978-89-966055-4-6 03230 : ₩12000

남북 통일[南北統一]
선교(종교)[宣敎]
235.62-KDC5
266-DDC21   CIP2013001184

통일, 우리는 이렇게 시작 했습니다

초판발행 | 2013년 3월 10일

엮 은 이 | 남서울은혜교회 통일선교위원회 10주년사편찬위원회
펴 낸 이 | 오성훈
펴 낸 곳 | 포앤북스

출판등록 | 제 2011-000055호
등록일자 | 2011년 2월 21일

주   소 | 서울시 서초구 서초동 1308-16 한서그린빌리지 907호
           T. 02-3411-4443 F. 02-3478-8082
           www.4nbooks.com

제   작 | (주)진성애드피아 T.02-456-8002

값 12,000원

ISBN 978-89-966055-4-6 03230

* 잘못된 책은 교환해 드립니다.
* 이 책의 전부 또는 일부 내용을 재사용하려면 반드시 사전에 저작권자와
  (주)포앤북스 양측의 서면에 의한 동의를 받아야 합니다.